INGRID NAEGELE

Jedes Kind kann lesen und schreiben lernen

LRS, Legasthenie, Rechtschreibschwäche –
Wie Eltern helfen können

LRS – eine kurze Einführung   7

Die Ursachen   8

Die in diesem Buch vorgeschlagenen Maßnahmen sind erfolgreich   10

Wo steht mein Kind?   12

Erinnerungen   17

Simon erinnert sich an seine Therapie   18

Erinnerungen an meine Schulzeit   19

Ninas Mutter blickt zurück   21

Informationen   25

Was Eltern über Lese- und Rechtschreib-Schwierigkeiten – LRS – wissen sollten   26

Damit der Umgang mit der Schule gelingt!   32

Rechte muss man kennen, um recht zu bekommen   38

Neugierig, kreativ, aber wegen der LRS lieber in die Realschule? Tipps zur Schulwahl   44

Helfen konkret   49

Allgemeine Tipps für Eltern   50

Wie können Sie Ihr Kind zu Hause unterstützen?   51

Lesen lernt man nur durch Lesen!   58

Schreiben lernt man nur durch Schreiben!   76

Schreiben ist viel mehr als Schrift!   84

Rechtschreibung lernt man nur durch gezieltes Üben!   88

Welche Übungsformen helfen, damit Ihr Kind weniger Fehler macht? **94**

Gegen die Diktatur des Diktats **102**

Ohne Vokabellernen geht es nicht. Hilfen für die Fremdsprachen **110**

Kinder brauchen effektive Lern- und Arbeitstechniken! **114**

Entspannt lernt es sich besser und konzentrierter **120**

Wenn außerschulische Hilfe nötig wird 125

Können außerschulische Einrichtungen wirksam helfen? **126**

Welche Kompetenzen sind wichtig? **127**

Welche Ziele sollte eine außerschulische Förderung verfolgen? **127**

Die sechs Bausteine des FIT-Konzepts **130**

Kurzdarstellung einer Einzeltherapie **137**

Leseempfehlungen, Adressen und Anhang **140**

Liebe Eltern,

Sie haben sich sicherlich schon häufig gefragt, wer oder was dafür verantwortlich ist, dass aus Ihrem fröhlichen, neugierigen, interessierten Vorschulkind ein frustriertes, unglückliches, unkonzentriertes Schulkind wurde, voller Abwehr gegen alles, was mit Schule, vor allem was mit Lesen und Schreiben – manchmal auch zusätzlich mit Rechnen – zu tun hat. Vielleicht haben Sie auch das Gefühl, irgendwo versagt zu haben, weil Sie aus der Schule Vorwürfe hören, denen Sie entnehmen müssen, dass Sie für die Probleme mit dem Lernen verantwortlich seien. Sie fragen sich, was Sie falsch gemacht haben könnten, wenn Sie Ihr Kind mit dem der Nachbarin vergleichen, das sicherlich nicht intelligenter ist als das Ihrige, aber keinerlei Probleme zu haben scheint. Jetzt suchen Sie außerhalb der Schule Rat, Aufklärung und Hilfe, um Ihrem Kind selbst zu helfen. Die Fülle an widersprüchlichen Theorien und Informationen im Internet ist unübersichtlich und verwirrend.

Dieser Ratgeber kann Ihnen helfen. Neuere wissenschaftliche Erkenntnisse, vielfältige Erfahrungen mit Betroffenen und vor allem von Eltern wurden hier aufgenommen.

Welches Anliegen hat dieses Buch?

Eltern informieren, sie beraten und ihnen helfen ist das Anliegen dieses Elternratgebers zum LRS-Problem. Er fasst meine langjährigen Erfahrungen in der Schule, in der wissenschaftlichen Forschung, in der Lehreraus- und -fortbildung und viele Jahre in eigener Privatpraxis zusammen. Da es kaum Studien zur Langzeitwirkung von Therapien gibt, habe ich während der Vorarbeiten zu diesem Buch Kontakt zu den Familien ehemaliger »Sorgenkinder« aufgenommen. Es war sehr beglückend und spannend, zu erfahren, wie erfolgreich sich diese ehemaligen »Versager« entwickelt haben. Natürlich haben nicht alle ihre schulische Laufbahn mit einer Eins oder Zwei beendet, aber alle haben fertige Ausbildungsgänge geschafft, viele ein Studium, und sie konnten sich ihre beruflichen Wünsche erfüllen. In der Erinnerung wurden immer wieder vor allem zwei Aspekte mit dem **Erfolg** der Maßnahmen, die ich in diesem Buch vorstelle, in Verbindung gebracht:

> Der Glaube an das Kind und die Aussicht, dass es seine Probleme mit Hilfe lösen kann.
> Die Entlastung der Eltern bei gleichzeitiger aktiver Unterstützung der Kinder – meist durch die Mütter.

Christian bringt es in seiner Erinnerung auf den Punkt:

»Jeder kann lesen und schreiben lernen, wenn er die richtige Unterstützung bekommt und es wirklich will. Das Wichtigste ist der Glaube an sich selbst.«

Danksagung

Die Erfahrungen und das Wissen, die diesem Ratgeber zu Grunde liegen, verdanke ich

> den Kindern und Jugendlichen, denen ich im Verlauf vieler Jahre aus schwieriger Lage helfen konnte – besonderer Dank den Ehemaligen, die sich hier äußern,
> den Eltern für ihr Vertrauen und Durchhaltevermögen,
> den Kolleginnen und Kollegen aus Schule, Hochschule und Praxis, Katrin Meisel und Claus Koch vom Beltz Verlag für ihr Engagement bei der Bearbeitung des Manuskripts und Erstellen des Buchs,
> meinem Ehemann Klaus für seine kritische Begleitung und Unterstützung.

LRS – eine kurze Einführung

»Die Knder machen ja nicht egstrar Feler!«
(Vincent, 10 Jahre)

Die Ursachen

Im Prinzip kann jedes Kind schreiben und lesen lernen. Doch wie die Ergebnisse von Schulvergleichstests wie IGLU und PISA zeigen, schafft es die Schule nicht, allen Kindern ein solides Fundament im Lesen und Schreiben zu vermitteln, weil zu wenige Lehrkräfte über eine solide Ausbildung in den notwendigen sprachwissenschaftlichen Grundlagen und das methodisch-didaktische Know-how verfügen. Zu viele Kinder und Jugendliche erfassen das System unserer Buchstabenschrift unzureichend, machen dadurch zu viele Fehler und erleben das Lesen nicht als etwas Positives. Die Folgen sind Ärger mit der Schule, schlechte Noten in Deutsch und den Fremdsprachen, häusliche Auseinandersetzungen, Verlust des Selbstbewusstseins und der Lernfreude, Sitzenbleiben, Nachhilfe, Schulangst bis zur Schulverweigerung.

Früher nannte man das Problem »Legasthenie« und verstand darunter eine Krankheit, die man sein ganzes Leben mit sich herumschleppt, was sich zum Glück als nicht haltbar erwiesen hat. Die Autorin hat in vielen, vielen Fällen während ihrer Arbeit mit Betroffenen erlebt, dass Kinder und Jugendliche sehr wohl lesen und schreiben lernen können.

Immer wieder werden im Zusammenhang mit Lese- und Rechtschreibversagen Gespenster einer lebenslangen Gehirnanomalie oder genetische Defekte beschworen. Heute werden sie »bewiesen« durch die Beobachtungen bei Leseaktivitäten mithilfe von bildgebenden Verfahren (z. B. MRT). Doch können solche Beobachtungen nicht ohne Weiteres als Ursachen verwendet werden, Schon vor 130 Jahren erwies sich die Übertragung von Sprachausfällen Erwachsener nach Unfällen auf die Probleme von Kindern, die den Code des alphabetischen Schriftsystems nicht knacken können, als falsch.

Die Ursachen und Auswirkungen sind sehr verschieden. Es gibt, wie Untersuchungen belegen, viele Kinder, die trotz Hör-, Seh-, Intelligenz- oder Bewegungsauffälligkeiten problemlos im Schulalltag lesen und rechtschreiben lernen. Um es gleich vorweg klarzustellen: Selbst gravierende Probleme beim Lesen- und Schreibenlernen sind für mich keine Krankheit im medizinischen Sinn, die man, wie man früher dachte, an bestimmten Symptomen erkennen kann. Bei Lese-Rechtschreib-Schwierigkeiten (im Folgenden abgekürzt als LRS) geht es zunächst um eine erwartungswidrige Entwicklung der Schriftsprache, ausgelöst durch fehlende oder unpassende Vorstellungen des Kindes über unser alphabetisches Schriftsystem.

 Lese-Rechtschreib-Schwierigkeiten sind keine Krankheit.

Probleme beim Erwerb der Schriftsprache verschwinden jedoch nie von allein, wie manche Lehrkräfte meinen, wenn sie besorgte Eltern mit der Aussicht vertrösten, dass der Knoten irgendwann schon von allein platze. Nein, im Gegenteil, die Situation verschlechtert sich drastisch, wenn das Kind merkt, dass es versagt. Es gibt auch keine »Legasthenie«-typischen Fehler, wie man früher glaubte: Viele Kinder vertauschen in ihrer Lese-/Schreibentwicklung Buchstaben, weil ihnen die Schreibrichtung noch nicht geläufig ist und sie sich darauf konzentrieren, das Gehörte in Buchstaben zu übersetzen.

Kinder kommen mit den unterschiedlichsten Vorstellungen über Schrift in die Schule. Einige Kinder können schon fließend lesen und schreiben, eine Reihe von ihnen benötigt jedoch differenzierte, auf sie abgestimmte, methodisch-didaktisch sinnvolle Lernangebote, gezielte individuelle Zuwendung und mehr Zeit, damit sie erfolgreiche Leser und Schreiber werden können. Hürden, die den Zugang erschweren, entstehen meist in einem Zusammentreffen von unzureichenden schulischen Bedingungen, methodisch-didaktischen Mängeln, fehlendem Lernerfolg und falscher Reaktion der Umwelt. Je früher geholfen wird, desto weniger droht Gefahr, dass sich aus einem Entwicklungsrückstand im Lernen ein ernstes, umfassendes Lern- und Verhaltensproblem entwickelt.

Je früher geholfen wird, desto weniger droht Gefahr, dass sich ein ernstes, umfassendes Problem entwickelt.

Die in diesem Buch vorgeschlagenen Maßnahmen sind erfolgreich

»Für mich als Mutter war es schwierig, zu akzeptieren, dass mein Sohn massive Probleme mit dem Lesen und der Rechtschreibung in der Schule hatte. Es war ein langwieriger Erkenntnisprozess, als ich merkte, dass wir Eltern mit den eigenen Erklärungen nicht weiterkamen, zumal wir nur wenig hilfreiche Ratschläge von den Lehrern bekamen. So machten auch wir das Falsche, überforderten ihn mit dem sinnlosen Üben von Diktaten aus der Masse der Übungshefte und -literatur. Irgendwann merkte ich, dass dies alles nichts hilft und darüber hinaus das Verhältnis zu unserem Sohn zu leiden begann.«

So erinnert sich Christophs Mutter an die Zeit, bevor ihrem Sohn mit den in diesem Ratgeber beschriebenen Maßnahmen unter ihrer Mitarbeit geholfen wurde. Was damals keiner geglaubt hätte: Christoph hat ein ganz normal bewertetes Abitur geschafft und ist heute ein erfolgreicher Student der Elektrotechnik. Ihm wie vielen anderen Schülerinnen und Schülern wurden im schulischen Anfangsunterricht wesentliche Einsichten in unser Schriftsystem vorenthalten, sodass sich die Misserfolgserlebnisse negativ auf alles Lernen und die seelische Situation des Kindes ausweiten konnten.

Wenn Sie die Ratschläge dieses Buches beherzigen, sind Sie dem Ziel, Ihrem Kind wirksam und erfolgreich zu helfen, bereits einen großen Schritt näher gekommen. Dieses Buch beinhaltet jedoch kein fertiges Trainingsprogramm und auch keine Alternative zum Förderunterricht oder einer Therapie. Was es will, ist:

> **informieren** über die vielfältigen Verursachungsmöglichkeiten von Lese-Rechtschreib-Schwierigkeiten (im Folgenden als LRS abgekürzt),
> **beraten** über Wege, wie Eltern ihr Kind gegen schlechte Noten, verhauene Diktate und Ärger mit der Schule unterstützen können,
> **helfen** durch geeignete, langjährig erprobte Vorschläge für häusliche Förder- und Übungsmöglichkeiten, die zudem das kindliche Selbstwertgefühl und die Lernmotivation aufbauen.

Es muss jedoch betont werden, dass es kein Schnellverfahren gibt, um die Schwierigkeiten verschwinden zu lassen. Der Weg zur Schriftsprache kostet Zeit, Anstrengung und Geduld, sichert aber das Glück und die Zukunft Ihres Kindes.

Wo steht mein Kind?

Zum Einstieg einige Fragen zur aktuellen Situation Ihres Kindes:

Lesen: Mein Kind

> buchstabiert beim Lesen leise ein Wort vor (z. B. be-a-el-el, ge-e-ha-te) und hat Schwierigkeiten, das gemeinte Wort (Ball, geht) zu erkennen;
> lautiert Wörter vor (b-a-l-l, g-e-t) und braucht zu lang, bis es das Wort als Ganzes entschlüsselt;
> ist unsicher in der Leserichtung (mal von rechts, mal von links);
> erkennt häufig vorkommende Wörter nicht wieder (ein, die, wir);
> liest sehr langsam;
> versteht den Inhalt des Gelesenen auf Nachfragen nicht/teilweise/richtig;
> liest nicht freiwillig/freiwillig.

Schreiben: Mein Kind

> kennt die Buchstaben: in Druckschrift, Großbuchstaben, Gemischt Groß-/Klein-, Anfangsschrift, vereinfachter Ausgangsschrift, lateinischer Ausgangsschrift, Schulausgangsschrift;

> beherrscht die Laut-Buchstaben-Zuordnungen nur teilweise;

> ist in seiner Schreibrichtung noch unsicher;

> hat eine verkrampfte Schreibhaltung, hält die Zeilen nicht ein;

> hat Probleme beim Abschreiben;

> schreibt gern/ungern Geschichten.

Rechtschreiben: Mein Kind

> macht viele Fehler in geübten Wörtern;

> schreibt unvollständige Wörter, in denen meist Vokale fehlen (hnd ···→ Hand);

> versucht zu schreiben, wie es spricht (aein, Schbigel);

> macht trotz häuslichen Übens viele Fehler in geübten Diktaten;

> schreibt ohne Punkt und Komma.

Lern- und Arbeitsverhalten: Mein Kind

> kann sich beim Schreiben nur schwer konzentrieren;

> versucht, Hausaufgaben zu verdrängen, oder braucht viel zu lange;

> schafft die Aufgaben nur mit Unterstützung;

> wirkt mutlos, wenig motiviert

Schulische Situation: Die Lehrkräfte

> beobachten die schriftsprachliche Entwicklung meines Kindes und fördern es gezielt nach einem Förderplan;

> vertrösten mich, dass sich der Rückstand in der Lese- und Schreibentwicklung meines Kindes von allein gebe;

> haben mein Kind eine Klasse zurückgestuft, ohne dass es nennenswerte Fortschritte macht.

Häusliche Situation: Mein Kind
> hat ein angegriffenes Selbstwertgefühl;
> hält sich für dumm;
> verschweigt Arbeiten;
> lehnt häusliches Üben ab.

Treffen auf Ihr Kind mehrere der angeschnittenen Probleme zu, dann können Ihnen die Ratschläge dieses Buches sicherlich mit Erfolg helfen.

Hat zusätzliches häusliches Üben oder Nachhilfe keine erkennbare Verbesserung gebracht und reagiert Ihr Kind gereizt, aggressiv oder zieht es sich zurück, so sollten Sie die Alarmzeichen ernst nehmen, die Hinweise in den einzelnen Kapiteln beachten und professionelle Beratung suchen.

Die Eltern sollen nicht so viel schimpfen bei den Hausaufgaben. Wen ein Kind etwas nicht kapiert soll man etwas erkläsen. Bitte helfen sie ihren Kind bei den Schwirichkeiten.

Zusammenfassung

> Auch gravierende Probleme beim Lesen und Schreiben sind keine »Krankheiten«!

> Fehler beim Schreiben beruhen auf einem mangelnden Verständnis unseres Schriftsystems, dem abgeholfen werden kann.

> Kinder mit Lese- und Rechtschreib-Schwierigkeiten brauchen differenzierte Lernangebote, die genau zu ihnen passen.

> Der erste Schritt für eine erfolgreiche Lernstrategie besteht immer in einer Analyse der bestehenden Situation: Wo steht mein Kind im Lernprozess?

Informationen

»Bitte helfen sie irren Kind bei den Schwirichkeiten.«
(Ronja, 9 Jahre)

Was Eltern über Lese-Recht-schreib-Schwierigkeiten – LRS – wissen sollten

Die Gründe, warum eine Reihe von Kindern den Zugang zur Schriftsprache so qualvoll erlebt, sind individuell unterschiedlich, haben aber immer mit fehlender kognitiver Klarheit über unser Schriftsystem oder falschen Vorstellungen darüber zu tun.

»Das Problem bei Kindern, die LRS haben wie ich, ist, dass sie meistens die schlechtesten Schüler in Deutsch sind. Das liegt daran, dass in der Grundschule nur geübte Diktate geschrieben werden. Man ist oft deprimiert, da man fast immer nur 5er oder 6er schreibt und egal, wie viel man sich auch anstrengt und übt, nichts besser wird. Ein Problem sind auch Deutschlehrer, die keine Ahnung von LRS haben, oft sind sie unkooperativ, wenn man ihnen nahelegt, sich mehr über dieses Thema zu informieren. Manche sagen, dass man sich nur auf der faulen Haut ausruhen will.«

So erklärt der 16-jährige Oliver die Gründe für seine Lese-Recht-schreib-Schwierigkeiten. Seine Meinung, dass es Lehrerinnen und Lehrer gibt, die »keine Ahnung von LRS haben«, obwohl doch ca. 5–7 % der Schülerpopulation davon betroffen sind, ist leider nicht auf Einzelfälle beschränkt. Statt verstärkt zu fördern, halten manche Lehrkräfte LRS für eine Ausrede oder für Faulheit, stufen Kinder in einen niedrigeren Schultyp herab, lassen sie Klassen wiederholen und/oder verweisen sie an außerschulische Einrichtungen.

Hier einige **Originalzitate** von Lehrkräften unter Schülertexten und Arbeiten:

Und Oliver, der heute als Facharzt tätig ist, beschreibt seinen Weg aus der Krise wie folgt:

»Ich habe es mit Diktaten bis heute nicht so richtig drauf, aber Diktate sind nicht alles, in späteren Jahrgangsstufen werden auch andere Sachen wie Nacherzählungen und so weiter gemacht, in denen ich trumpfen konnte. Und wenn man in Deutsch nicht unbedingt gut ist, gibt es auch noch andere Fächer, in denen man gut ist, jeder hat ein Fach, das ihn interessiert.«

Folgen eines medizinischen Verständnisses von Legasthenie

> Resignation beim Kind: Warum soll es etwas tun, wenn Legasthenie eine unheilbare Krankheit ist oder eine genetische Ursache vorliegt?
> Entlastung der Eltern von der Verantwortung für das Lernen;
> eine aufwendige, kostenintensive, das Kind etikettierende, psychologische, neurologische Diagnostik, die die schriftsprachlichen Erwerbsprozesse weitgehend ausklammert;
> Diagnoseverfahren mit Tests, die von dem Konzept einer endogenen Teilleistungs-, Wahrnehmungs- oder Konzentrationsstörung ausgehen;
> falsche Fördermaßnahmen: Prismenbrillen, Blicksteuerungsgeräte, Tomatis, Kinesiologie, NLP, Psychopharmaka;
> Reduktion der Finanzierung von Fördermaßnahmen nach KJHG auf medizinische Diagnosen von Teilleistungsstörungen und drohender seelischer Behinderung;
> Verhinderung von Therapien, die gezielt beim Lesen-, und Schreibenlernen helfen.

Damit der Umgang mit der Schule gelingt!

Ich finde meine Lehrerin doof, weis sie nicht sits wen ich mir mühe gebe. Und wen sie lange Texte schreibt meine feler immer als katastrofe findet.

Wie führe ich positive Gespräche mit den Lehrkräften meines Kindes?

Für Fragen, die Ihr Kind betreffen, sollten Sie das persönliche Gespräch suchen. Zu den Sprechstunden sollten Sie sich anmelden, damit sich die Lehrkraft auf das Gespräch vorbereiten kann.

Vermeiden Sie im Beisein Ihres Kindes Kritik an seiner Lehrerin. Ihr Kind gerät sonst in einen Interessenkonflikt, denn für erfolgreiches Lernen ist ein positives Verhältnis zur Lehrperson wichtig. Gespräche sollten nicht erst dann stattfinden, wenn bereits Konflikte schwelen und Misstrauen auf beiden Seiten besteht.

Besteht ein Vertrauensverhältnis, sollte die Schule über eventuell vorliegende Krisen oder aktuelle Ereignisse, die Ihr Kind belasten, unterrichtet werden, auch über außerschulische Maßnahmen.

Tipps für Gespräche mit Lehrkräften

> Besuchen Sie Elternabende sowie Sprechstunden regelmäßig, damit Sie das Unterrichtskonzept der Lehrerin kennenlernen, auch wenn keine akuten Probleme vorhanden sind. Unterstützen Sie die Bemühungen der Schule, wenn sie sinnvolle pädagogische Maßnahmen durchführt. Arbeiten Sie,

soweit es Ihre Zeit erlaubt, aktiv mit der Schule zusammen, dann entstehen weniger Missverständnisse und Misstrauen.

> Schreiben Sie sich zu Hause Ihre Fragen auf und belegen Sie, falls Sie Kritik äußern wollen, diese möglichst mit konkreten Unterlagen (z. B. Notizen über die Dauer der Hausaufgaben, negative Kommentare, Ängste Ihres Kindes).

> Versuchen Sie, zunächst einen positiven Einstieg in das Gespräch zu finden. Fragen Sie nach der Einschätzung Ihres Kindes durch die Lehrer, bevor Sie Ihre Beobachtungen und Sorgen vortragen.

> Lassen Sie die Lehrerin ihren Standpunkt darlegen und fragen Sie nach, falls Sie etwas nicht verstehen.

> Bemühen Sie sich um eine sachliche Darstellung, vor allem von Vorfällen, die Sie nur aus der Sicht Ihres Kindes kennen.

> Haben Sie das Gefühl, dass die Lehrkraft Ihre Ängste und Sorgen um Ihr Kind nicht ernst nimmt oder z. B. als unerwünschte Einmischung ansieht, so versuchen Sie zunächst, mit anderen Eltern der Klasse zu sprechen. Bringen Sie, falls andere Eltern ähnliche Probleme haben, diesen Punkt auf die Tagesordnung beim nächsten Elternabend.

> Bei Auseinandersetzungen mit der Schule sollten Sie immer den Dienstweg einhalten, d. h. zunächst mit den betroffenen Lehrkräften sprechen, dann mit dem Klassenlehrer oder der Klassenlehrerin, danach mit der Schulleitung, dem Schulamt oder dem Kultusministerium. Bei Konflikten kann auch der schulpsychologische Dienst vermittelnd helfen.

Wie löst man das leidige Problem Hausaufgaben?

Für viele Kinder mit LRS bedeuten Hausaufgaben einen ständigen Kampf an mehreren Fronten: mit der Sache selbst, den Lehrkräften und den Eltern. Es fängt damit an, dass viele Betroffene die gestellten Hausaufgaben entweder gar nicht oder unvollständig notieren und dann mittags eine zeitraubende Suche, Diskussion oder Telefoniererei mit Klassenkameraden folgen muss.

Wird nichts notiert, dann kann sich das Kind am ehesten auf die Ausrede »Es war nichts auf« zurückziehen und entgeht – zumindest für einige Zeit – den nervenaufreibenden Nachfragen und Diskussionen mit dem bemühten Elternteil. Sind die Notizen im Hausaufgabenheft unvollständig oder falsch, dauern die Aufgabenlösungen natürlich länger, und der Ärger setzt am nächsten Tag im Unterricht ein.

Eine weitere Hürde sind Leseaufgaben, deren Länge mit steigender Klassenstufe in vielen Fächern beträchtlich zunimmt, wobei die Texte häufig auch schriftlich zusammenzufassen oder zu interpretieren sind. Damit sind wir bei den schriftlichen Hausaufgaben, deren Ausmaß normalerweise auf die Leistungsfähigkeit des Klassendurchschnitts angelegt ist.

Eine Entschärfung dieses – gerade auch die Familie belastenden – Problems muss in verschiedenen Schritten und an unterschiedlichen Stellen erfolgen.

Der erste Schritt sollten Gespräche mit den Lehrkräften sein, damit gemeinsam Absprachen über die Hausaufgaben erfolgen. Die Bearbeitungszeiten sollten unter den Hausaufgaben notiert werden. In allen Bundesländern gibt es für jede Klassenstufe Richtzeiten für die Erledigung der Hausaufgaben. Diese gelten auch für Kinder mit LRS, müssen jedoch sicherlich oft überschritten werden, um – vor allem in höheren Klassen – den Anschluss zu halten. Wichtig ist, dass Ihr Kind lernt, seine Hausaufgaben selbstverantwortlich und eigenständig zu erledigen. Dazu braucht es funktionierende Lern- und Arbeitstechniken, um noch Zeit für Hobbys und Freunde erübrigen zu können, wie wir sie in diesem Buch immer wieder vorstellen.

Wichtig ist, dass Ihr Kind lernt, seine Hausaufgaben selbstverantwortlich und eigenständig zu erledigen.

Weiß ein Kind, dass es sich zu Hause auf Mutter, Vater oder Nachhilfe verlassen kann, so ist die Gefahr des Abschaltens im Unterricht groß, und ein Vergrößern der Lücken bzw. falsches Vorbereiten der Arbeiten und Versagen sind vorprogrammiert. Hilfreich ist sicherlich ein gemeinsames Besprechen, Einteilen und Nachsehen der Hausaufgaben, die Erledigung sollte jedoch selbstständig erfolgen. Nachsehen bedeutet nicht unbedingt Verbessern, denn zum einen heißt es für das Kind oft erneutes Abschreiben und damit Freizeitverlust, zum anderen können sich die Lehrer kein Bild vom wirklichen Leistungsstand des Schülers oder der Schülerin machen. Hier sollten individuelle Absprachen mit den einzelnen Lehrkräften getroffen werden.

Tipps für Hausaufgaben

> Achten Sie darauf, dass Ihr Kind regelmäßig seine Hausaufgaben in einem Hausaufgabenheft oder auf einem Blöckchen notiert.
> Da es keinen für alle gültigen besten Zeitpunkt für Hausaufgaben gibt, sollten Sie Ihr Kind selbst aussuchen lassen, wann es sie erledigen will, dann aber dabei bleiben.
> Manche Kinder möchten mit dem Unangenehmsten beginnen, andere mit dem, was ihnen am leichtesten fällt. Wichtig ist nur, dass der Lernstoff in kleinen, überschaubaren Portionen erarbeitet und nicht Ähnliches direkt hintereinander gelernt wird. Sonst tritt die berühmte »Ranschburgsche Hemmung« ein, die zur Löschung oder Verwechslung des Gelernten führt.
> Ihr Kind sollte sich die Arbeit durch kleine Pausen von etwa zehn Minuten oder durch Belohnungen versüßen, um danach wieder mit frischer Kraft weiterlernen zu können. Zwischendurch ist es hilfreich, ein paar Entspannungsübungen zu machen.
> Bei der Erledigung der Aufgaben ist es wichtig, dass der Arbeitsplatz immer der gleiche ist. Er sollte möglichst wenig Ablenkungen bieten und genügend Platz und Ordnung zur raschen und erfolgreichen Erledigung.

Wie können Sie ältere Kinder unterstützen?

Das hängt von den Problemen Ihres Kindes ab und davon, inwieweit es sich helfen lassen will. Es kann sein, dass Sie Ihr Kind bei langen Leseaufgaben unterstützen müssen, damit es den Stoff schafft. Hier sollten die Möglichkeiten der Neuen Medien genutzt werden. Viele Klassiker und Werke der modernen Literatur sind auf Kassette, CD, DVD oder im Internet zu finden. Zu fast allen schulischen Lektüren sind im Buchhandel oder in der Bücherei fertig ausgearbeitete Interpretationen erhältlich. Zu vielen Themen gibt es im Internet vorgegebene Referate, Textvorlagen oder Literaturhinweise. Problematisch wird es, wenn es gar nicht zu einer eigenen Auseinandersetzung mit der gestellten Aufgabe kommt und nur fertige Textpassagen übernommen werden.

Älteren Kindern den Sinn des Übens der Rechtschreibung zu vermitteln ist im Zeitalter von automatischer Fehlerkorrektur am Computer oder Handy mühsam, denn bis auf einige wenige Regelungen übernimmt dies der Computer. Sogar grammatische Unstimmigkeiten kann er anzeigen. Doch solange im Unterricht und in Prüfungen diese Erleichterungen nicht zur Verfügung stehen, hat die Verbesserung der Orthografie einen wichtigen Stellenwert.

Die Verbesserung der Orthografie hat immer noch einen wichtigen Stellenwert.

Rechte muss man kennen, um recht zu bekommen

Schulrechtliche Bestimmungen – Schulische Förderung – Sozialrechtliche Bestimmungen

Welche schulrechtlichen Bestimmungen gelten bei LRS?

In der Bundesrepublik Deutschland besitzt jedes der 16 Länder seine eigene Kultushoheit mit unterschiedlichen rechtlichen Bestimmungen, was alle Eltern, aber ganz besonders die mit LRS-Kindern, beim Umzug von einem Bundesland ins andere zu spüren bekommen. Wegen der Bedeutung der Schriftsprache für alles Lernen gibt es seit über 30 Jahren in allen Bundesländern schulische Sonderregelungen für Schüler und Schülerinnen mit LRS, die Erleichterungen und Förderung für die Betroffenen zum Ziel haben. Da sich die Rechtslage in den einzelnen Bundesländern seit dem Beschluss der Kultusministerkonferenz (KMK) im Jahr 1978 sehr unterschiedlich entwickelt hatte, beschloss sie 2003 (mit der Erweiterung um Rechenprobleme 2007) neue »Grundsätze zur Förderung von Schülerinnen und Schülern mit besonderen Schwierigkeiten im Lesen und Rechtschreiben oder im Rechnen«.

»Unbestritten ist, dass die Diagnose und die darauf aufbauende Beratung und Förderung der Schülerinnen und Schüler mit besonderen Schwierigkeiten im Lesen und Rechtschreiben zu den Aufgaben der Schule gehören.« Das heißt eindeutig und klar: Die Schule hat den Auftrag, allen Kindern »die erforderlichen individuellen Entwicklungsmöglichkeiten« zu bieten, um Einsichten in Funktion und Aufbau der Schriftsprache zu gewinnen.

»Ein Lese- und Schreibunterricht, der am jeweiligen Lernentwicklungsstand des Kindes ansetzt, ausreichend Lernzeit gibt und die Ergebnisse gründlich absichert, ist die entscheidende

Die Schule hat den Auftrag, allen Kindern »die erforderlichen individuellen Entwicklungsmöglichkeiten« zu bieten, um Einsichten in Funktion und Aufbau der Schriftsprache zu gewinnen.

Grundlage für den Erwerb der Fähigkeit zum Lesen und Rechtschreiben.«

Das Ziel der KMK-Grundsätze und der Ländererlasse ist es, durch Verbesserungen des Anfangsunterrichts, frühzeitige Beobachtung und Differenzierung der Lernprozesse das Entstehen von Schwierigkeiten zu verhindern und Fördermaßnahmen und Möglichkeiten differenzierter Leistungsbewertungen in Arbeiten und Zeugnissen für Betroffene eindeutig zu regeln. Es ist sicherlich richtig, dass bei Durchführung der aufgeführten prophylaktischen Hilfen »Maßnahmen der Differenzierung und individuellen Förderung ... bis zum Ende der 10. Jahrgangsklasse abgeschlossen sein« könnten, aber es wird jetzt erstmals grundsätzlich möglich, auch in Abgangs- und Abschlusszeugnissen die Erteilung einer Teilnote in Lesen oder Rechtschreibung auszusetzen, »wenn eine mehrjährige schulische Förderung unmittelbar vorausgegangen ist. Die Abweichungen von den allgemeinen Grundsätzen der Leistungserhebung und -beurteilung sind in den Zeugnissen zu vermerken«.

Es ist grundsätzlich möglich, auch in Abschlusszeugnissen die Erteilung einer Teilnote in Lesen oder Rechtschreibung auszusetzen.

Wie wichtig sind Erlasse und Verordnungen?

Erlasse und Verordnungen sind ministerielle Dienstanweisungen für Schulleitungen und Kollegien, deren Beachtung und Durchführung rechtsverbindlich sind. Erlasse und Verordnungen werden in Amtsblättern oder offiziellen Rundschreiben veröffentlicht und sollten allen Lehrkräften bekannt sein! Sie sollen die Rahmenbedingungen von Maßnahmen sichern, in unserem Fall die Notwendigkeit von Vorbeugung und Förderung bei LRS. Verstöße gegen Verordnungen sind sogar einklagbar. Richtlinien dagegen sind – wie der Name sagt – Anleitungen für pädagogische Maßnahmen. Entsprechend finden sich hier die wichtigen unterrichtspraktischen Aspekte und Details wie Förderstunden und deren Verbindlichkeit u. a.

Welche schulischen Entlastungen stehen meinem Kind zu?

Das hängt vom jeweiligen Erlass oder von der Richtlinie für Schüler mit LRS Ihres Bundeslandes ab. Sie sollten sich unbedingt den gültigen Originaltext besorgen und auf die Ausschöpfung sämtlicher Hilfsangebote dringen. Die Anschriften und Serviceleitungen der Kultusministerien in den verschiedenen Bundesländern finden Sie im Internet.

Wie sieht die praktische Umsetzung der Erlasse aus?

Obwohl Schülerinnen und Schüler mit LRS einen Anspruch auf Förderung haben, zeigen z. B. die Ergebnisse der IGLU-Studie, dass die Mehrzahl der leseschwachen Kinder nicht zusätzlich gefördert wird. Rückmeldungen aus verschiedenen Bundesländern und eigene Erfahrungen zeigen, dass der Kenntnisstand der Lehrkräfte höchst unterschiedlich ist und die Umsetzung der in den LRS-Erlassen geforderten Maßnahmen selbst innerhalb einer Schule variieren kann.

Die Deutsche Gesellschaft für Lesen und Schreiben (DGLS) verweist in ihrer Stellungnahme zum Problem von LRS u. a. auf folgende Missstände: »Statt alle Kinder zu fördern und die Grundsätze der KMK zu realisieren, ist gegenwärtig zu beobachten, dass in den Bundesländern jeweils unterschiedliche Gruppen von Kindern definiert werden, die Anspruch auf besondere Förderung in der Schule haben. Nur diese jeweils landesspezifisch definierte Gruppe wird in den Genuss unterschiedlicher Fördermaßnahmen und Erleichterungen kommen, die sie vor den Auswirkungen der Selektionsmechanismen der deutschen Schule schützt.

Zu befürchten ist, dass sich diese Tendenz im Zuge der Föderalismusreform verstärkt. Damit wird gegen den Grundsatz der Gleichbehandlung verstoßen.« (vollständiger Text der Stellungnahme unter www.dgls.de)

Leider werden die zur Vermeidung von Lernproblemen notwendigen schulischen Voraussetzungen oft vernachlässigt. Zum Teil liegt es daran, dass viele Lehrkräfte keinerlei Ausbildung im Schriftspracherwerb mitbringen. Immer wieder treffen Eltern auf Lehrkräfte, die nicht akzeptieren wollen/können, dass Kinder mit unterschiedlichen Fähigkeiten und Fertigkeiten in die Schule kommen und nur dann erfolgreich lernen können, wenn sie differenzierte Angebote erhalten, die sie in ihren Lernprozessen unterstützen. An manchen Schulen gibt es jedoch auch immer noch Lehrkräfte, die Lernschwierigkeiten als individuelle Lern- und Intelligenzschwäche sehen und die betroffenen Schülerinnen und Schüler am liebsten aus der Regelschule heraus verlagert haben möchten – in private Einrichtungen, an Erziehungsberatungsstellen, schulpsychologische Dienste, Volkshochschulen, kirchliche Institutionen, in ärztliche Behandlung oder in die Sonderschule – nicht wissend oder bedenkend, dass auch hier keine Fachleute für Schriftsprache unterrichten.

Nach wie vor fehlen an vielen Schulen

> fachlich kompetente Lehrkräfte,
> die verbindliche Vorbereitung der Erstklasslehrerinnen auf den Anfangsunterricht im Lesen und Schreiben,
> ausreichende Unterrichtszeit, damit jedes Kind seinen Weg zur Schriftsprache finden kann,
> der finanzielle Rahmen, der einen differenzierten Unterricht gestattet,
> verpflichtende Aus- und Weiterbildung der Lehrerinnen und Lehrer aller Schulformen in Fragen des Schriftspracherwerbs, förderdiagnostischer Arbeit sowie spiel- und heilpädagogischer Kenntnisse
> und vor allem die verbindliche Förderung der Kinder mit langsamerer Entwicklung.

Wie sieht sinnvolle schulische Förderung aus?

Grundsätzlich ist die individuelle Förderung jedes Kindes die Aufgabe der Lehrkräfte. Dazu gehört die förderdiagnostische Beobachtung der Lern- und Arbeitsprozesse. Diesen Analysen müssen geeignete Lernangebote für die Kinder zum Aufbau von mehr Kompetenz folgen, differenziert gemäß der unterschiedlichen Lernausgangslage.

Förderung kann ganz unterschiedlich gestaltet sein, z. B. durch genügend Lehrerstunden, um die Kinder durch stundenweise Doppelbesetzung am Schulanfang intensiver zu fördern. In vielen Bundesländern sind die Schulen verpflichtet, schulinterne Förderkonzepte zu erarbeiten, deren Umsetzung von Elternseite überprüft werden kann.

Manchmal kann auch ein gesonderter Förderkurs eine sinnvolle Hilfe sein, vor allem für ältere Kinder, bei denen emotionale Unterstützung und Aufbau des Selbstwertgefühls in die Förderung integriert sein müssen. Grundbedingung ist allerdings, dass eine solche Förderung **regelmäßig** und über einen längeren Zeitraum stattfindet.

Grundbedingung ist allerdings, dass die Förderung regelmäßig und über einen längeren Zeitraum stattfindet.

Vielen Kindern hat das Frankfurter Integrative Therapiekonzept FIT geholfen. Seine Elemente wurden zunächst im schulischen Förderunterricht entwickelt und werden seither in vielen Schulen erfolgreich angewendet (eine ausführliche Beschreibung finden Sie auf S. 130 ff.).

Außerschulische Unterstützungsmöglichkeiten – Sozialrechtliche Regelungen

Dieser Abschnitt ist für die Erziehungsberechtigten interessant, die Hilfen nach dem Kinder- und Jugendhilfe-Gesetz (KJHG) und/oder dem Sozialgesetzbuch (SGB) in Anspruch nehmen wollen.

Welche gesetzlichen Hilfen gibt es?

Wird von der Schule keine oder unzureichende individuelle Förderung Ihres Kindes angeboten, werden Sie selbst aktiv werden müssen. Krankenkassen übernehmen keine Therapiekosten, da LRS keine Krankheit ist. Also müssen Sie die Kosten für Ihr Kind, ebenso wie für andere außerschulische Aktivitäten, selbst übernehmen.

Droht jedoch einem Kind durch die Auswirkungen seiner gravierenden Lese-Rechtschreib-Probleme auf seine psychische Befindlichkeit eine »seelische Behinderung«, so haben Kinder und Jugendliche unter bestimmten Voraussetzungen Anspruch auf Kostenübernahme in voller Höhe durch das Jugendamt. Es gibt unterschiedliche Hilfsangebote, die vor Beginn einer Maßnahme beim Jugendamt beantragt und von dort bewilligt werden müssen:

> »Hilfen zur Erziehung« nach § 27 ff. des KJHG, bei denen das häusliche Umfeld des Kindes mit einbezogen wird, und
> »Eingliederungshilfe« für seelisch behinderte Kinder und Jugendliche nach § 35 a Absatz 1 KJHG, bei der das Kind einen Anspruch auf Hilfe hat, meist nach aufwendiger medizinischer Diagnose.

Wie sieht die Auslegung der Gesetze nach dem KJBG aus?

Trotz Leistungsanspruchs sieht die Auslegung der Gesetze für die Kostenübernahme von Therapien für Kinder mit Lern- und Verhaltensauffälligkeiten sehr unterschiedlich aus, zum Teil sogar innerörtlich. Als Eltern sollten Sie sich vor Stellung eines Antrags beim zuständigen Jugendamt intensiv über die lokalen Interpretationen und die beiden Gesetzestexte informieren. Es darf nicht verschwiegen werden, dass es im Einzelfall viel Zeit, Geduld und Durchhaltevermögen kosten kann, bis die jeweils zu-

Im Einzelfall kann es viel Zeit, Geduld und Durchhaltevermögen kosten, bis die jeweils zuständige Stelle von der Notwendigkeit einer Maßnahme überzeugt ist.

ständige Stelle von der Notwendigkeit einer Maßnahme überzeugt ist, die auch von Ihnen als Eltern für sinnvoll gehalten
wird. Klar ist, dass die Schulen an sich vorrangig zur Förderung
verpflichtet (§ 10 SGB VIII) sind, allerdings kann das Jugendamt
die Eingliederungshilfe nur dann verweigern und auf die Schule
verweisen, wenn dort eine Förderung präsent und auf die spezi-
ellen Belange des betroffenen Kindes ausgerichtet ist.

Neugierig, kreativ, aber wegen der LRS lieber in die Realschule? Tipps zur Schulwahl

Der Wechsel von der Grundschule in die Sekundarstufe stellt
für alle Kinder einen bedeutenden Einschnitt dar. Für ein Kind
mit LRS kann er eine echte Chance zum Neubeginn bieten, wie
Tino rückblickend findet: In der Grundschule ging es mir richtig
mies, vor allem in Mathe und Deutsch.

> In der Grundschule ging es mir richtig mies, vor allem in Mathe und Deutsch. Die Lehrer erkannten meine Stärken nicht

Zur Wahl der weiterführenden Schule lässt sich generell sagen,
dass immer die Form die geeignete ist, die den Fähigkeiten und
Interessen eines Kindes am besten entspricht. Dies ist in der Regel nach vier Schuljahren nur schwer zu entscheiden, weshalb
der Besuch einer integrierten Gesamtschule mit flexiblen Diffe-
renzierungsangeboten und ohne den G8-Stress helfen kann, um
die weitere Entwicklung in Ruhe beobachten zu können. Da jedoch regionale und oft innerörtliche Besonderheiten die »Quali-

tät« einer Schule oder Schulform bestimmen, lassen sich keine generellen Ratschläge geben. In einigen Bundesländern hängt der Zugang zu Realschulen und Gymnasien von bestimmten Eingangsqualifikationen ab, die Kinder mit LRS trotz guter Kreativität und Intelligenz immer wieder benachteiligen.

Obwohl die Aufnahme in eine weiterführende Schule in allen kultusministeriellen Erlassen unabhängig vom Vorliegen einer LRS erfolgen sollte, sieht die Schulrealität manchmal anders aus. Eltern brauchen viel Selbstsicherheit, oft einen guten rechtlichen Beistand und Unterstützung, um die Interessen ihres Kindes durchzusetzen. Bei der Entscheidung für oder gegen eine bestimmte Schulform haben die bisher unterrichtenden Lehrkräfte in den meisten Bundesländern das Vorschlagsrecht, und es ist sinnvoll, möglichst frühzeitig mit ihnen gemeinsam zu überlegen, wo Ihr Kind erfolgreich mitarbeiten und seine Stärken am besten einbringen könnte.

Ist ein Kind mit großem Rückstand in seiner Lese- und Schreibentwicklung noch sehr jung, ist eventuell eine freiwillige Wiederholung der vierten Klasse in Erwägung zu ziehen, um in diesem Jahr gezielt die fehlenden Einsichten – wie in diesem Ratgeber beschrieben – aufzubauen, das Selbstvertrauen zu stärken und somit die Aussicht auf einen erfolgreichen weiteren Schulweg zu vergrößern.

Es gibt heute viele verschiedene Bildungswege, über die Sie sich informieren sollten. Es gibt Kinder, für die die Realschule mit nur einer verbindlichen Fremdsprache und weniger Fächern eine sinnvolle Wahl darstellt. Sie stellt allerdings in den »Leistungsfächern« Rechtschreibung und Mathematik große formale Anforderungen. Belastbare Kinder mit guter mündlicher Ausdrucksfähigkeit, kreativen Ideen und naturwissenschaftlichem Interesse gehören auf eine integrierte Gesamtschule oder aufs Gymnasium – solange das dreigliedrige Schulsystem noch existiert.

Wie können Sie Ihr Kind beim Schulwechsel unterstützen?

Die verständliche Einstellung vieler Eltern, ihrem Kind nach dem Schulwechsel erst einmal Luft zu lassen und zu warten, wie es sich entwickelt, hat sich oft als Bumerang erwiesen. Sie sollten wissen, dass in den weiterführenden Schulen die meisten Lehrkräfte in mehreren Klassen und oft nur zwei bis drei Wochenstunden in der Klasse Ihres Kindes unterrichten. Ohne böse Absicht, allein durch fehlende Kommunikation, ist so schon manches Kind in eine tiefe Krise gestürzt. Halten Sie also Kontakt zur Schule, klären Sie über seine Stärken und Schwierigkeiten auf, »werben« Sie für Ihr Kind, besuchen Sie die Sprechstunden, besprechen Sie Möglichkeiten von Erleichterungen bei den Hausaufgaben. Ihr Kind kann z. B. unbefriedigende schriftliche Arbeiten durch Referate und mündliche Mitarbeit ausgleichen.

Halten Sie Kontakt zur Schule und klären Sie über die Stärken und Schwierigkeiten des Kindes auf.

Bitten Sie den Klassenlehrer oder die -lehrerin, Ihr Kind so zu setzen, dass es nicht abgelenkt oder übersehen wird und nicht die Tafel im Rücken hat.

Treffen Sie in der Schule auf Unverständnis und Einstellungen, wie Christina (s. S. 19 ff.) sie erlebt hat, oder auf die Aussage »Bei uns gilt der LRS-Erlass nicht«, so sollten Sie sich auf den in Ihrem Bundesland gültigen Erlass berufen und sich nicht scheuen, die nächsthöheren Instanzen bis zum Kultusministerium einzuschalten.

Das Engagement von Tinos Eltern hatte Erfolg. Es ging ihm im Gymnasium sehr gut, obwohl ihm das Üben und Behalten der englischen Vokabeln lange Zeit schwerfielen (s. S. 110).

Zusammenfassung

> Kinder mit LRS halten sich länger auf den unteren Ebenen der Entwicklung der Schriftsprache auf, was zu vielen Fehlern beim Schreiben und unzureichenden Lesestrategien führt.

> Schwierigkeiten lassen sich meist bis in die ersten beiden Schuljahre zurückverfolgen.

> Medizinische Diagnosen verhindern meistens die gezielte Förderung des Lesens und Schreibens.

> Ein gutes Verhältnis von Eltern, Lehrern und Schule ist die beste Voraussetzung für den Lernerfolg.

> Die Erledigung der Hausaufgaben sollte gut geplant sein und auf die jeweiligen Bedürfnisse des Kindes abgestimmt werden. Übermäßiger Druck ist fehl am Platz.

> Eltern müssen die schulrechtlichen Bestimmungen kennen, um gezielte Fördermaßnahmen durchsetzen und in Anspruch nehmen zu können.

> LRS steht dem Wechsel auf eine integrierte Gesamtschule oder auf ein Gymnasium prinzipiell nicht entgegen.

Helfen konkret

»Wen Eltern kinder anschreien
werden kinder darauf auch nicht
Schlau.«
(Marie, 9 Jahre)

Allgemeine Tipps für Eltern

> Akzeptieren Sie Ihr Kind, wie es ist, verstärken Sie das Positive und vermeiden Sie Vergleiche mit anderen!

> Fördern Sie die intellektuellen, musischen und sportlichen Interessen Ihres Kindes!

> Ihr Kind braucht Eltern, die Zeit und Interesse für seine Belange haben, die mit ihm spielen, vorlesen, es anregen, loben, motivieren und fördern!

> Nehmen Sie die Ängste und Sorgen Ihres Kindes ernst und sprechen Sie bei Schulschwierigkeiten frühzeitig mit der Lehrkraft!

> Unterstützen Sie das schulische Lernen, aber nehmen Sie Ihrem Kind das Lernen nicht ab!

> Trösten Sie bei enttäuschenden Lernergebnissen! Ihr Kind leidet, auch wenn es dies nicht zeigen kann.

> Beachten Sie Ihre Wortwahl, da unbedachte Wörter und Beschimpfungen wie Schläge verletzen! Vermeiden Sie Verbote, setzen Sie aber einen festen Rahmen in Ihrer Erziehung!

> Versuchen Sie, Ablenkungen beim Lernen auszuschalten! Fernseher, Computerspiele und Handy sind in dieser Zeit tabu. Sorgen Sie für Pausen beim Lernen und planen Sie Entspannungsübungen in das Lernen ein!

> Regelmäßiges, gezieltes Lese- und Schreibtraining bringt Erfolge, zu schwere Lesetexte oder unsinnige Schreibübungen sind jedoch kontraproduktiv!

> Informieren Sie sich über die in Ihrem Bundesland gültigen Erleichterungen durch Erlasse und die gesetzlich vorgegebenen Hausaufgabenzeiten!

> Suchen Sie Gesprächspartner, nutzen Sie die Angebote der Beratungsstellen!

> Misstrauen Sie schnellen Lösungsversprechen!

> Wenden Sie sich bei gravierenden Lern- und Selbstwertprob-

lemen Ihres Kindes an eine Beratungsstelle oder das Jugend-amt, das nach dem KJHG/SGB VIII Hilfen vermittelt und diese finanziert.

Wie können Sie Ihr Kind zu Hause unterstützen?

Welche Grundkenntnisse über unser alphabetisches Schriftsystem brauchen Sie?

Wenn Sie Ihr Kind in seinen Bemühungen und Lernschwierig-keiten verstehen und ihm helfen wollen, sollten Sie vier grund-legende Einsichten der Lernforschung samt deren praktischen Konsequenzen kennen. Sie zeigen die entscheidenden neuralgi-schen Stellen beim Lesen- und Rechtschreibenlernen.

> Das Kind muss das System unserer Schriftsprache mit ih-ren Beziehungen zwischen Sprachlauten und Schriftzeichen, zwischen Buchstaben, Wörtern, Sätzen, zwischen Wortsinn, Wortklang und Schriftbild erkannt und verstanden haben.
> Ein Kind erfasst die Schriftsprache weder intuitiv auf einen Schlag noch gradlinig, sondern in unregelmäßigen Schrit-ten, Phasen, Sprüngen und Umwegen, die bei allen Kindern, schnell oder langsam lernenden, zu beobachten sind.
> Lesen und (Recht-)Schreiben werden auf vielen Wegen und Sinneskanälen erlernt. Auge, Ohr, Hand, Gedächtnis, Ein-sichts- und Kombinationsvermögen sind allerdings beim ein-zelnen Kind unterschiedlich ausgeprägt und ausgebildet, so-dass jedes Kind seine starken und weniger starken Zugänge zur Schriftsprache besitzt.
> Das Kind benötigt bei diesen schwierigen Leistungen ein förderliches häusliches und schulisches Umfeld, Eltern und Lehrkräfte, die an den Lernerfolg des Kindes glauben.

Alle Kinder müssen die Funktion und den Aufbau unserer Schrift begreifen lernen und das, was die Erfinder unseres Schriftsystems einst geleistet haben, für sich entdecken. Sie müssen ganz allmählich und schrittweise die Zusammenhänge zwischen geschriebener und gesprochener Sprache begreifen. Sie müssen erst lernen, was ein Satz, ein Wort und eine Silbe ist. Das sind wichtige Schritte, zu denen einige Kinder viel Zeit benötigen.

Außerdem müssen die Kinder die Beziehung zwischen Buchstaben und Lauten kennen, um beim Lesen eines Wortes die Schriftzeichen in Laute übertragen zu können, damit daraus dann ein sinnvolles Wort entsteht. Schreiben erfordert das Wissen, dass gesprochenen Lauten Buchstaben oder Buchstabengruppen (au, sch, ei) zugeordnet werden. Und nur wenn diese in der richtigen Reihenfolge hintereinander von links nach rechts angeordnet werden, dann ergibt das Geschriebene einen Sinn. Erschwert werden diese Prozesse auch dadurch, dass sich eine Reihe von Buchstaben in ihrer Form ähneln und sich – wie eine Tasse mit Henkel – nur durch ihre Lage im Raum unterscheiden: p–b d–q, u–n, a–e, m–n.

Alle Kinder müssen die Funktion und den Aufbau unserer Schrift begreifen lernen und für sich entdecken.

b–p   d–q

Hinzu kommt, dass es keine Eins-zu-eins-Zuordnung von Sprachlauten zu Schriftzeichen gibt, denn die etwa 44 Sprachlaute des Deutschen können von über 100 Schriftzeichen wiedergegeben werden. So kann ein Schriftzeichen aus einem (o), zwei (oh) oder drei Buchstaben (sch, ieh) bestehen: z. B. Br<u>o</u>t, B<u>oo</u>t, w<u>oh</u>nen; w<u>i</u>r, w<u>ie</u>, <u>ih</u>r, V<u>ieh</u>.

Zusätzlich gibt es eindeutige und mehrdeutige Schriftzeichen wie »g« für den Laut k wie in »lügt«.

**Wie ich richtig schreiben kann:
Ich denke laut und schreibe dann!**

1. Ich spreche das Wort **lügt** deutlich. Ich höre **k** .
2. Ich bilde die Grundform: **lügen**. Ich höre **g** .
   Also schreibe ich **lügt** mit **g**.

Das Deutsche ist keine Lautschrift, sondern eine Buchstabenschrift, in der nicht nur lautliche, sondern auch grammatische und inhaltliche Informationen wiedergegeben werden. Nur ein kleiner Prozentsatz der Wörter unserer Sprache wird lautgetreu geschrieben, bei den meisten müssen andere Strategien berücksichtigt werden (Wortfamilie, Ableitung, Wortart u. a.) »Hör genau hin und sprich dir das Wort vor« – ist ein falscher Ratschlag!

Das Schreibenlernen erfordert von den Kindern eine große Abstraktionsfähigkeit – weg vom Inhalt der Sprache auf die Lautfolge, die wiederum durch Schriftzeichen dargestellt wird. Jüngere Kinder, die noch nicht über diese »kognitive Klarheit« verfügen, sind z. B. der Ansicht, dass das Wort »Zug« länger sei als das Wort »Lokomotive«, da sie den Zug vor sich sehen, aber noch nicht auf die Lautfolge achten können. Das heißt, dass jedes Kind aktiv eigene Hypothesen über das Schreiben und Rechtschreiben bildet, die nicht unbedingt dem Lerngegenstand angemessen sind, z. B. schreibt *Jonas* »die Blühte«, weil er sich an den prächtigen Garten seiner Eltern erinnert und dabei an das Verb »blühen« gedacht hat.

Nur ein kleiner Prozentsatz der Wörter unserer Sprache wird lautgetreu geschrieben.

Sollen Eltern zu Hause mit ihrem Kind üben?

Jein! Das hängt von Ihrer individuellen Familiensituation ab. Wichtiger als alles Üben ist, dass Sie als Eltern Ihr Kind mit seinen Stärken und Schwierigkeiten akzeptieren, es unterstützen und sich Zeit für seine Sorgen und Freuden nehmen. Klären Sie ab, ob sich Ihr Kind von Ihnen auch wirklich helfen lassen will. Ist dies nicht der Fall, so ist zu befürchten, dass es eher noch schlimmer wird. Ihr Kind könnte zu dem Schluss kommen, dass Sie es nur über seine gute Leistung lieben.

WICHTig

Was Eltern nicht machen Durfen
Sie durfen nicht imer schimpfen
wen Kinder bei den Hausaufgaben
einen grofen feler Machen.

Wen Eltern kinder anschraien
werden kinde daraus auch nicht
Schlau.

Ahtung
Lerer durfen nichz aus dem
Mitel alter machen.

Lernen unter Druck, Zwang oder durch Verbote bringt keine längerfristigen Erfolge, wie Lea (siehe unten) schreibt. Keinesfalls sollten Sie Ihr Kind mit Liebesentzug oder durch das Verbieten von Hobbys wie Fußball, Tennis oder Fernsehen/Computerspielen oder Streichen des Taschengelds für seine Leistungsprobleme strafen. Im Gegenteil: Verschiedene Freizeitaktivitäten, Sport und Bewegung, aber auch viel Spaß haben, sind als Ausgleich wichtig!

Keinesfalls sollten Sie Ihr Kind für seine Leistungsprobleme strafen.

Was sollten Sie beim Üben unbedingt beachten?

»Man könnte mich natürlich unter Druck setzen, aber ich glaube nicht, dass es bei mir der richtige Weg ist. Ich bin davon überzeugt, dass ich es schaffen kann, wenn ich daran glaube und auch was dafür tue. Es wäre aber gut, wenn meine Mutter öfters mal meine Hausaufgaben nachschaut oder mich Vokabeln abfragt«, ist Lea, 7. Klasse überzeugt.

Auch wenn es Ihnen schwerfällt ...

> Akzeptieren Sie die Schwierigkeiten Ihres Kindes, versuchen Sie, keinen Druck auszuüben, und vertrauen Sie darauf, dass Ihr Kind mit Ihrer Unterstützung ein erfolgreicher Leser und Schreiber wird. Motivieren Sie positiv, stärken Sie das Selbstwertgefühl Ihres Kindes.
> Erwarten Sie keine schnellen Erfolge. Ihr Kind braucht Zeit und regelmäßiges, motivierendes Üben. Es gibt keine einfachen und raschen Lösungen für komplexe Probleme, obwohl dies immer wieder behauptet wird. Ungeduld zeigen oder Schimpfen ist kontraproduktiv.
> Beginnen Sie möglichst bald mit dem Üben, vor allem dann, wenn Ihr Kind im Unterricht keine gezielten Hilfen erhält. Der berühmte Knoten, auf dessen Platzen manchmal Lehrer vertrösten, gehört leider zu den unausrottbaren Falschmel-

dungen. Heben Sie richtige Lösungen hervor und helfen Sie Ihrem Kind da, wo es Lücken hat.

> Je früher geholfen wird, umso normaler und zufriedener entwickelt sich Ihr Kind, Geschieht nichts, ist davon auszugehen, dass sich die Probleme unweigerlich auf alle Fächer ausweiten, in denen gelesen und geschrieben wird.

> Achten Sie auf die Einhaltung und Ausschöpfung des amtlichen LRS-Erlasses, der in Ihrem Bundesland gilt. Informieren Sie sich entsprechend, z. B. beim Schulministerium. Kein Kind darf danach z. B. wegen seiner LRS sitzen bleiben.

> Ein Kind mit Lernproblemen braucht eine Lernumwelt, in der es sich geborgen und angenommen fühlt. Schalten Sie sich ein, wenn Ihr Kind Angst vor der Schule hat oder körperliche Auffälligkeiten wie Kopf- oder Bauchschmerzen zeigt. Sprechen Sie mit den Lehrkräften und schließen Sie im Ernstfall einen Klassenwechsel nicht aus.

> Wenn die Schule nicht helfen kann, sollten Sie versuchen, eine außerschulische integrative Lern- und Psychotherapie als Einzelförderung zu finden, die am Lern- und Motivationsstand Ihres Kindes ansetzt.

Üben kurz und effektiv: je nach Alter 5-mal eine Viertelstunde bis zwanzig Minuten pro Woche

Tatsache ist, dass ein Kind mit Lernproblemen mehr als andere Schüler arbeiten muss, denn allein schon für das Lesen und Verstehen der Texte benötigt es mehr Zeit. Die große Fehlerzahl in den Heften und vor allem in den Arbeiten erfordert einen hohen Aufwand an Energie, Konzentration und Ausdauer. Aufgaben müssen oft zweimal erledigt werden, weil sie Fehler enthalten oder die Schrift unleserlich ist. Gleichzeitig braucht Ihr Kind dringend Zeit zum Entspannen, Zeit für Freunde, Sport und Hobbys. Schon von daher muss zusätzliches Üben zeitlich begrenzt werden!

Worauf kommt es an ...

Auch wenn es trivial klingt: Lesen lernt man nur durch Lesen!
Schreiben nur durch Schreiben!

Das Lernen lernt man nur durch eigenes Tun! Je erfolgreicher
man ist, umso mehr Spaß macht es!

> Die **Zeitwahl** ist für den Lernerfolg sehr wichtig und sollte
  vom individuellen Tagesrhythmus des Kindes bestimmt werden. Gut ist es, einen Wochenplan zu führen und die Haus-
  aufgabenzeiten, die festen Termine und Verabredungen fest-
  zuhalten.
> Das Üben sollte möglichst täglich zur gleichen Zeit stattfin-
  den. Sonntage, Feiertage und die erste Hälfte der Ferien sollten ausgespart bleiben und nur der Erholung dienen.

> Der **Ort** sollte eine ruhige Ecke, möglichst der eigene Schreib-
tisch sein, wo keine äußeren Ablenkungen stören, kein Handy,
keine Musik. Es gibt Kinder, die schätzen es, die Übungszeit
zu einem Zeremoniell mit Tee und Keksen im Wohnzimmer
auszudehnen, und genießen die persönliche Zuwendung von
Mutter oder Vater.

> An **Material** sollten vorhanden sein: Hefte, Wörterbuch,
Lernkartei und passende Karteikarten (wie auf S. 96 ff. be-
schrieben), Lesepfeil, Bleistifte, Radierer, Lineal, Füller oder
Tintenroller, Tintenkiller, Markierungsstift, Buntstifte, eine
Schere, Kassettenrekorder mit Leerkassette oder MP3-Spieler
mit beschreibarer CD.

> Ihr **Übungsprogramm** sollte neben einigen Lockerungs- und
Entspannungsübungen lautes (eventuell auf Kassette) oder
leises Lesen beinhalten, über dessen Inhalt sich das Kind
später mit einem Familienmitglied unterhalten sollte, sowie
Karteiarbeit mit eigenen Fehlerwörtern/Vokabeln.

> Zu den **Inhalten** der einzelnen Bausteine werden in den ent-
sprechenden Kapiteln Übungsvorschläge gemacht, aus denen Sie das Passende für die spezifischen Schwierigkeiten Ihres Kindes auswählen können. Wichtig sind positive
Bestätigungen für die zusätzlich geleistete Arbeit und Beloh-
nungen, die für Ihr Kind eine Bedeutung haben.

Lesen lernt man nur durch Lesen!

Lesenlernen als Problem?

»Die guten Leutchen wissen nicht, was es einen an Zeit und Mühe
kostet, um lesen zu lernen. Ich habe achtzig Jahre dafür gebraucht
und kann auch jetzt nicht sagen, dass ich am Ziel wäre.«

> Am wichtigsten ist jedoch, dass Ihr Kind Sie als Leserin oder Leser erlebt. Damit schaffen Sie ein Vorbild, das weit mehr als alle Hinweise und Ermahnungen wirkt.

Lesediagnose: Wie liest mein Kind?

Wollen Sie helfen, müssen Sie an den von Ihrem Kind bereits erworbenen Fähigkeiten und Interessen anknüpfen. Hier folgen zwei informelle »Test«-Verfahren, die Sie als Eltern mit Ihrem Kind durchführen können.

Lesen auf Kassette:

Lassen Sie Ihr Kind ein paar Minuten aus einem selbst gewählten Buch – einen unbekannten Text – auf eine Leerkassette oder ein sonstiges Speichermedium vorlesen.

Unterbrechen Sie das Lesen nicht, wenn sich Ihr Kind verliest oder eine Pause macht. Helfen Sie jedoch bei längerem Probieren mit dem gesuchten Wort aus.

Unterbrechen Sie das Lesen nicht, wenn sich Ihr Kind verliest.

Stellen Sie einige Fragen zum Inhalt, um zu erfahren, was Ihr Kind verstanden hat. Nehmen Sie auch dies auf. Hören Sie sich das Band gemeinsam an und vergleichen Sie es mit der Textvorlage.

Versuchen Sie herauszufinden und zu notieren, an welchen Stellen das Lesen besonders gut klappte, an welchen es stockte und warum. Gab es z. B. Probleme mit ...

> einzelnen Buchstaben/Buchstabenverbindungen/Mitlauthäufungen?
> der Aufteilung des Wortes in seine Bestandteile (Silben, oft wiederkehrende Buchstabenverbindungen wie »aus«, »ing«, »ich« u. a., Konsonantenhäufungen)?

> zusammengesetzten Wörtern?
> dem Zusammenziehen der Laute?
> der Beachtung der Satzeichen? (Luft holen bei Punkten, Stimme heben bei Kommas)
> dem Satzbau oder der Schrift?
> der Klarheit der Buchstaben, z. B. l–i, n–m, a–e, u–n?
> dem Inhaltsverständnis?

Stolperwörtertests

Bei diesem Verfahren steht in jedem Satz ein Wort zu viel, das beim stillen Lesen gefunden und durchgestrichen werden muss. Damit können sowohl die Lesegeschwindigkeit als auch das Verstehen von Sätzen erfasst werden. Diese Verfahren wurden für Grundschulklassen entwickelt. Denken Sie daher bitte bei der Auswahl für Ihr Kind im Internet daran, ein Testheft auszusuchen, dessen Schwierigkeitsgrad Ihr Kind bewältigen kann.

> Gruselig vor Spinnen ekle ich mich. (Beispiel Klasse 1)
> Im Schrank steht eine große Glas Schachtel voller Kekse. (Beispiel Klasse 4)

Diese Beispiele sind den Stolperwörtertests des Fibelautors Wilfried Metze entnommen, der sie im Netz kostenlos, nach Jahrgängen aufgeteilt, anbietet: www.wilfriedmetze.de

Ideen, wie Ihr Kind einen Zugang zum Lesen bekommen könnte

Da jedes Kind seinen eigenen Weg in die Welt der Schrift geht, sollten Erwachsene sich auf Anregungen beschränken, aus denen sich das Kind dann die geeigneten aussucht. Alle Kinder in meiner Praxis haben den Zugang zur Welt der Schrift geschafft, jedoch jedes auf seine Weise.

Hier einige Beispiele:

Florian sprach besonders gut auf »Russisch Brot« und Gummi-
bärchen in Buchstabenform sowie Fühl- und Magnetbuchsta-
ben an. Umberto halfen bunte Schaumstoffbuchstaben. Natalies
Liebe zu Micky Maus floss in ihre Geschichte »Die Rechtschreib-
Nachhilfe« ein (S. 87).

Catrin arbeitete sich durch das Computerprogramm »Fürst Mari-
gor und die Tobis« (CVK) durch, obwohl viele Leseaufgaben für
die Viertklässlerin zu leicht, ein Teil der Spiel- und Denkaufgaben
jedoch nicht ohne Mithilfe eines Erwachsenen zu lösen waren.

Daniel erlernte es spielend über das Erlesen der Spielanleitun-
gen, Ina liebte Spiele mit kurzen Texten wie »Lachen, lachen«,
»Peking-Akte« und »Cluedo«, Christoph entdeckte das Lesen
erst spät über die Fantasy-Abenteuerspiele wie »Die Helden des
Schwarzen Auges«, Shushila konnte sich mit der Figur Harry
Potter identifizieren und schaffte alle Bände.

Zunehmend spielen der Computer und das Internet für Kinder
und Jugendliche eine wichtige Rolle: beim Chatten mit Freun-
den, auf der Suche nach Informationen in Lexika oder auf Kinderwebseiten wie z. B. www.blinde-kuh.de; www.fragfinn.de
oder www.kindernetz.de/suche.

Welche Lesetechniken helfen und welche nicht?

Erfolg und Freude beim Lesen Ihres Kindes werden durch folgende »Lesekrücken« behindert: buchstabenweises Lesen eines
Wortes, Mitsprechen beim Lesen, Wort-für-Wort-Lesen, Vor-
und Zurückgehen im Text, Ignorieren von Satzzeichen, Lesen
mithilfe eines Fingers, eines Bleistifts, eines Lineals oder eines
Lesepfeils aus undurchsichtigem Material.

Hilfreich sind:

Unterstützung durch einen transparenten Lesepfeil

Leseanfänger versuchen zunächst, Buchstabe für Buchstabe zu erfassen, und benutzen dabei meistens ihren Zeigefinger. Das geht nur sehr langsam. Damit sich ein Kind leichter im Text und auf der Zeile orientieren kann, eignet sich ein Lesepfeil aus transparenter Farbfolie viel besser. Er bietet vielfältige Möglichkeiten, einen Satz oder ein Wort zu gliedern. Die Aufmerksamkeit des Kindes kann sich so auf unterschiedlich lange sprachliche Einheiten (Einzelbuchstaben, Silben, Signalgruppen, Vorsilbe oder andere Morpheme u. a.) konzentrieren, ohne dass der Wort- oder Satzkontext ganz ausgeschaltet ist. Für Kinder, die mit der Links-rechts-Abfolge unserer Schrift noch unsicher sind, eignet sich ein Lesepfeil mit einer Spitze, der die Einhaltung der Leserichtung erleichtert:

Lilis Hose ist rot mit gelben Streifen.
Tom spielt mit der Katze.

Lesepfeil

Während das Kind zunächst den Lesepfeil jeweils nur über die von ihm erfassbaren Buchstaben, Silben, Signalgruppen zieht, wird er bei fortgeschrittener Lesefähigkeit nur noch mit der glatten Kante unter der gerade gelesenen Zeile geführt. Dann kann der Lesepfeil vereinfacht werden.

Kennzeichnung schwieriger Buchstabenverbindungen, Silben und Sinnschritte

Für manche Leseanfänger sind mehrgliedrige Schriftzeichen oder Einheiten wie »aus«, »ein«, »der« schwierig zu entschlüsseln. Silbenbögen, Abstände oder farbige Markierung können das Lesen erleichtern.

Lies und schreibe.

HASE hat <u>2</u> Silben: <u>HA</u> <u>SE</u> ➜ Hase
TOMATE hat __ Silben: __ __ __ ➜ _____
REGENBOGEN hat __ Silben: __ __ __ __ ➜ _____

Technik des Blitzlesens

Langsame Leser haben in den ersten Phasen vor allem Probleme damit, Wörter schnell und sicher zu erfassen. Blitzlese-Übungen sollen Kindern helfen, Übungswörter nicht einzellautlich, sondern als ganzes Wort zu lesen. Der Begriff Blitzlesen wurde dem Lesetrainingsmaterial »Der Lesefreund« von Ernst Ott (München 1989) entnommen. Das Blitzlesen ist eine Übungsform, die am sinnvollsten in Partnerarbeit durchgeführt wird, damit sichergestellt ist, dass die vorgelesenen Wörter richtig benannt werden.

Um Wörter gezielt zu üben, kann man Wortlisten in einer gut lesbaren Druckschrift mit großem Zeilenabstand erstellen. Das zu lesende Wort wird mit einer Karteikarte zugedeckt, die mit beiden Händen (Daumen und Zeigefingern) gehalten wird.

> Karte an den Strichen anlegen und Wort abdecken

> Karte biegen
> Wort »blitzlesen«
> Wort wieder abdecken

> Karte nach unten schieben und an den Strichen neu anlegen

Der »Kurzbelichtungseffekt« bei Blitzlesen wird durch ein Zusammenschieben der Karte ermöglicht, dessen »Belichtungsdauer« das Kind selbst steuern kann. In dieser kurzen Zeitspanne, die mit zunehmendem Training immer kürzer wird, soll das Wort als Ganzes gelesen werden.

Lesen mit einem Aufnahmegerät

In fast jedem Haushalt findet sich ein Kassettenrekorder oder ein digitales Aufnahmegerät, die sich vorzüglich zum Lesenlernen einsetzen lassen:

> Zur Lesedokumentation: Wie bereits erwähnt, lohnt es sich, regelmäßig Aufnahmen beim Vorlesen zu machen. Ihr Kind lernt dabei, seinen eigenen Leseprozess intensiv zu beobachten, es merkt, wie wichtig es ist, richtig und deutlich zu sprechen, und schon bald verfügt es über eine eigene Textsammlung, die es immer wieder hören kann. Damit dokumentieren Sie die Fortschritte, und Ihr Kind hat eine Bestätigung für seine Mühe.

> Als »Listen-along-Kassette«: In den USA und Australien werden Kinder und Jugendliche seit Langem zum Lesen motiviert, indem sie einen Text gleichzeitig hören und sehen können. Auch bei uns liegen inzwischen – ganz oder als Ausschnitt – einige bekannte Kinder- und Jugendbücher auf CD vor oder Eltern können sie selbst herstellen.

Was sollten Sie bei der Förderung des Lesens vermeiden?

> Bücher in Schreibschrift,
> Lesespiele, die für ungeübte Leser unverständlich oder verwirrend sind,
> Einzelwort-Lesetraining, bei dem die Wörter nicht im Kontext von Sätzen stehen,
> Training sinnloser Silben und Wörter.

Tipps für ältere Kinder mit Leseproblemen

Viele ältere Kinder und Jugendliche mit ausgeprägten Rechtschreibproblemen zeigen nach meiner Beobachtung auch mehr oder weniger große Unsicherheiten beim Lesen. Die Ergebnisse der PISA-Studie belegen, dass zu viele ältere Schüler nur die Kompetenzstufe 2 erreichen und damit nicht ausreichend qualifiziert sind. Ständige Enttäuschungen und die mangelnde Aussicht auf Erfolg führen zu einem verhängnisvollen Kreislauf. Häufig haben sich im Lauf der Jahre schlechte Gewohnheiten eingeschlichen wie

> unkonzentriertes, abschweifendes Lesen,
> Mitsprechen, Lippenbewegungen beim Stilllesen,
> Wort-für-Wort-Lesen, das das Verstehen des Inhalts behindert,
> Vor- und Zurückgehen im Text,
> Ignorieren von Satzzeichen.

Für ältere Kinder gelten die gleichen Tricks wie für jüngere, nur benötigen ältere noch mehr Mitgefühl, Lob und Unterstützung.

Zwischenüberschriften, kurze Zusammenfassungen und Fragen zum Gelesenen erleichtern das Leseverständnis und erhöhen die Motivation. Es gibt viele Methoden, um einen Sachtext systematisch zu erlesen, ohne den Überblick zu verlieren:

1. Vorhersagen treffen: Dazu werden vor dem eigentlichen Lesen der Klappentext eines Buches, das Inhaltsverzeichnis, Titel und Untertitel, Zusammenfassungen oder der erste und letzte Satz des Textes überflogen.
2. Anhand dieser Informationen werden Fragen zum Text formuliert. Der Leser prüft dabei, was ihm bereits zum Thema bekannt ist und was ihm neu erscheint.

3. Jetzt folgt das eigentliche Lesen, das dadurch aktiver, konzentrierter und mit dem Blick aufs Wesentliche erfolgt.

4. Nach dem Lesen eines Abschnitts, dessen Länge vom Schwierigkeitsgrad des Textes und der eigenen Vertrautheit mit dem Thema abhängt, hält der Leser inne, rekapituliert im Geist den Inhalt, vergewissert sich, dass seine Fragen beantwortet sind, und macht sich Notizen oder unterstreicht wichtige Informationen.

Diese vier Schritte werden nun für jeden weiteren Abschnitt des Textes durchgeführt. Am Schluss sollte eine Zusammenfassung der wichtigsten Aussagen erfolgen oder es sollten entsprechende Fragen beantwortet werden.

Allgemeine Hinweise und Kriterien zur Auswahl von Lesetexten

Zwar gibt es für ungeübte jüngere Leser heute eine Fülle an motivierenden Texten (Hefte, Spiele und Bücher) für die unterschiedlichen Leseniveaus und Interessen, doch ob ein Buch seine Leser fasziniert oder nicht, ist eine ganz persönliche, oft geheimnisvolle Sache zwischen beiden. Ich habe von Kindern gelernt, dass ihre Buchauswahl von unterschiedlichsten Kriterien bestimmt wird. Ganz wichtig sind Identifikationsfiguren bei der Auswahl, ob es Pippi Langstrumpf, Micky Maus, Greg, Harry Potter, Asterix oder Artemis Fowl ist. Es gibt Kinder, die nur bestimmte Autorinnen oder Autoren (z. B. Brezina, Nöstlinger, Kordon, Doder, Ross, Cole, Maar, Dahl, Rowling u. a.) gern lesen, Andere Kinder hängen am Layout eines Verlags – ohne auf die Namen zu achten. Wieder andere interessieren sich nur für eine bestimmte Gattung: Krimis, Zauberei, Tierbücher, Fantasy, Piraten u. a. Und manches Kind sieht jedes vorgeschlagene Buch zunächst einmal auf Druckgröße, Bebilderung und Textumfang durch.

Die Buchwahl wird von den unterschiedlichsten Kriterien bestimmt.

Die folgenden Hinweise sollen die Auswahl der Lektüre erleichtern:

Die **äußere Aufmachung** spielt bei der Auswahl keine so große Rolle im Vergleich zur **Textgliederung**, wobei dem Kind das Buch von seinem Äußeren natürlich gefallen sollte, bzw. der Umschlag sein Interesse weckt. So ist eine übersichtliche Gliederung der Seiten in kurze Sätze, Abschnitte, Zwischenüberschriften und breite Ränder zunächst hilfreich. Die Zeilenabstände sollten relativ groß sein, Trennungen vermieden werden, und das Verständnis des Textes sollte durch sparsame Bebilderung unterstützt werden.

Die **Wortwahl** sollte an den Wortschatz des Kindes möglichst angepasst sein. Jüngeren Kindern erleichtern Reime und häufige Wortwiederholungen das Lesen – hier gibt es eine große Auswahl von schönen und auch lustigen Kinderbüchern. Zu vermeiden sind zunächst Mitlauthäufungen, zusammengesetzte Wörter, lange, komplizierte Satzstrukturen mit Nebensätzen. Dass Schreibschrift als Leseschrift ungeeignet ist, wurde bereits an anderer Stelle erwähnt. Besonders gut lesbar sind Texte in Gemischtantiqua (lateinische Druckschrift mit Groß- und Kleinbuchstaben), wo nur selten Verwechslungen vorkommen können.

Tipp: Selbst verfasste Texte
Am schönsten und persönlichsten sind jedoch Texte, die Eltern für ihre Kinder oder Kinder für andere (als Geschenk, Brief, Tagebuch, Ferienerlebnis) selbst verfassen. Sie sind auch in der Schule als Lesetexte sehr beliebt, vor allem, wenn sie selbst illustriert werden. Mit dem Computer ist eine Bearbeitung der Rechtschreibung kein Problem, und mit dem Scanner lassen sich eigene Bilder problemlos ergänzen.

Es gibt auch Bilder-
bücher ohne Text.
Hierzu kurze Texte zu
verfassen macht
bereits Lese- und
Schreibanfängern
Spaß.

Aus verschiedenen Verlagen gibt es Bilderbücher ohne Text.
Hierzu kurze Texte zu verfassen macht bereits Lese- und Schreibanfängern Spaß. Während das Kind den Text unter Mitsprechen
aufschreibt, notiert ihn ein Erwachsener mit. Später kann er
dann am Computer bearbeitet und eingeklebt werden.

Hilfen zur Auswahl von Lese-Übungsmaterial

Für jüngere Kinder bieten die folgenden Hefte Übungen zur Lesetechnik und Sinnentnahme. Die Aufgabenstellung wird auf
jeder Seite erklärt, die Lösungen können mit den beiliegenden
Schablonen vom Kind selbst kontrolliert werden: Bunte Leseübungen: Heft A: Vom Laut zum Wort; Heft B: Vom Wort zum
Satz; Heft C: Vom Satz zum Text (Schroedel).

Sind die Angst vor Büchern und die Aversion gegen das Lesen
überwunden, wird in der Regel kein spezielles Lesetraining
mehr benötigt. Das Lösen von Denkaufgaben oder sog. Logicals
unterstützt das sorgfältige, sinnentnehmende Lesen und regt
das logische Denken an. Eine Reihe dieser Lese-Denkaufgaben
sind in den Materialien »Das schaffe ich« (Schroedel) enthalten.

1 💡 Lies, male und schreibe die Namen.

Hier sind Lea, Umut und Lili.
Ein Kind hat eine lila Hose an.
Ein Kind hat eine gelbe Hose an.
Lilis Hose ist rot.
Lea hat die gelbe Hose an.
Umut ist auf der linken Seite.

2 Wer hat die lila Hose an?

Es ist _Umut._ .

3 Lies und male.

Lea hat einen Hasen.
Lili hat eine Rose.
Umut hat ein _ein_ .

Zudem gibt es gesonderte Hefte mit Logicals in unterschiedli-chen Schwierigkeitsgraden, die großteils in der Schweizer Leh-rerfortbildung entstanden sind und z. T. über Schubi erhältlich sind. Die Mappen sind relativ teuer, da sie die Kopierrechte ein-schließen. Vielleicht können Sie die Schule Ihres Kindes zur An-schaffung bewegen.

> Probst, P.: Logicals 1. Winterthur Mal-Rate-Denkaufgaben in 4 Schwierigkeitsstufen mit Lösungen (Donauwörth: Auer-Verlag)
> Stucki, B.: Mini-Logicals. Knobelaufgaben für Erst- und Zweitleser. Stucki, B.: Logicals. Lesen – verstehen – kombinieren, ab 2. Schuljahr. Stucki, B.: Logicals für Fortgeschrittene, für Jugendliche und Erwachsene. (Schaffhausen: Schubi; Vertrieb über Westermann Verlag).

Spiele helfen lesen lernen

Bei Lese-, Schreib- und Wörterspielen, die es in vielfältiger Form gibt, ist der Bezug zum Lesen und Schreiben klar ersichtlich. Wie wäre es einmal wieder mit »Stadt – Land – Fluss«, »Gefüllte Kalbsbrust« oder »Onkel Otto plätschert lustig in der Badewanne«, wobei sich Letzteres vorzüglich zum Üben der Satzteile eignet.

Bereits das Lesen der Spielanleitung ist ein echter Leseanlass, der für Ihr Kind unbedingt genutzt werden sollte, auch wenn es langsam geht. Ist die Anleitung zu schwierig abgefasst, so kann sie eventuell reihum absatzweise vorgelesen und das Spiel dabei gleich aufgebaut und angespielt werden.

Bei Brettspielen ist es sinnvoll, die Spielregeln je nach Sprachstand und Lesefertigkeit Ihres Kindes neu zu fassen oder die wichtigsten Abschnitte farbig zu markieren, um den Leseanreiz zu erhöhen.

Bei der Auswahl der Spiele ist zu beachten, dass sie nicht nur inhaltlich, sondern auch sprachlich auf das Alter der Kinder Rücksicht nehmen und keine zu schwierigen Satzmuster und grammatikalischen Strukturen enthalten. Fast alle Spielanleitungen lassen sich auch verändern und neu schreiben (verbindet Lese- und Schreibgelegenheit).

Leseanlässe unterschiedlichen Schwierigkeitsgrades bieten Brettspiele wie »Spiel des Lebens« (MB), »Das Taschengeld-Spiel (Schmidt) oder »Die Peking-Akte« (Hasbro). Bei älteren Kindern und Jugendlichen erfreuen sich Fantasyspiele großer Beliebtheit. Sie bestehen aus Geschichten, die in Rollenspiele umgesetzt werden, ganz nebenbei ein erfolgreiches Lesetraining!

»Boggle« (Parker), ein Spiel um Buchstaben und Wörter, kann durch eine Regeländerung auch Kindern mit LRS großen Spaß bereiten. Alle sichtbaren Buchstaben können nach dieser Regel für jedes zu bildende Wort benutzt werden, nicht nur nebeneinanderliegende. So lassen sich weit mehr Wörter finden, die dann jeweils vorgelesen und verglichen werden. Gleiche oder falsch

Ana beim Boogle-Spiel

geschriebene Wörter werden durchgestrichen. Die übrig geblie-
benen Wörter werden gezählt und dann je nach orthografischer
Sicherheit mit einem »Handicap« multipliziert, sodass sich Erwachsene ganz schön anstrengen müssen, um eine Gewinn-
chance zu haben.

Zum Abreagieren eignen sich Aktionsspiele wie »Splat« (MB),
»Halli Galli« (Amigo), »Monster Mix« (Parker), »Looping Louie«
(MB), »Lotti Karotti« (Ravensburger) oder ein Boxsack!

Schreiben lernt man nur durch Schreiben!

Die Vorstellung, was man unter Schreiben versteht, hat sich in
den letzten 30 Jahren sehr verändert. Ging es früher zunächst
vor allem um die Entwicklung einer zügigen und gut lesbaren
Handschrift, so steht seither die kommunikative Bedeutung des
Schreibens im Vordergrund: Schreiben als Begriff für eine komplexe sprachliche Handlung. Im Zentrum steht der Inhalt, die
Botschaft, die einem anderen übermittelt werden und ohne zusätzliche Erklärungen, Betonung oder Gesten von ihm verstanden werden soll.

Das Schreiben mit der Hand ist eine hochkomplexe Tätigkeit, an
der mehr als 50 Muskeln beteiligt sind. Als Ursachen für die
Probleme vieler Schüler mit der Schrift sieht z. B. Ute Andresen
(2006, S. 19) »Nachlässigkeit und Verwahrlosung« ihrer Lehrer-
kolleginnen in der Vermittlung der handwerklichen Fertigkeiten für die Entwicklung einer flüssigen Handschrift, zumal einer Reihe von Kindern bei Schulbeginn Erfahrungen mit
Schreibwerkzeugen fehlen und ihre graphomotorische Entwicklung nicht altersgemäß ist. Die Folge sind falsche Bewegungsab-

Das Schreiben mit der
Hand ist eine hoch-
komplexe Tätigkeit,
an der mehr als 50
Muskeln beteiligt sind.

läufe, die die Schreibgeschwindigkeit verlangsamen oder den Schreibfluss an unpassenden Stellen unterbrechen und zu Verkrampfungen und zu Fehlern führen können. Vor allem im Umgang mit Linkshändern fehlt den Lehrkräften oft methodisches Wissen.

»Dein Geschmier ist eine Zumutung!« – Handschrift und Schreibbewegung

Ist die Schrift eines Kindes ungelenk, schwer lesbar und sind die Buchstaben nicht klar unterscheidbar, so wird dies leider oft als Unwillen, Boshaftigkeit oder Faulheit des Kindes interpretiert und entsprechend kommentiert: »Es macht keinen Spaß, deinen Text zu lesen, denn du gibst dir beim Schreiben keine Mühe (oder ich merke nichts davon).« »Wenn du nur wolltest, könntest du leserlicher schreiben!« »Deine Arbeit kann ich nicht benoten, weil ich sie nicht lesen kann. So etwas ist eine Zumutung. 6« Und schließlich gibt es noch die durchgestrichenen Seiten im Heft mit der knappen Anmerkung: »Noch mal!« Chrissi, 14, moniert:

> Mich regt auf das die Lehrer sich immer über unsere Fehler und Schrift beschweren, aber ihre ist nicht besser und können nicht die neue Rechtschreibung.

Dem Schriftbild vieler Kinder mit LRS sieht man die Verkrampfung und Anspannung an. Die Schrift wirkt oft ungelenk, fahrig, es wird zu stark oder zu schwach aufgedrückt, die Zeilen werden nicht eingehalten. Häufig werden Wörter durchgestrichen oder korrigiert. Um Fehler zu kaschieren, werden Groß- und Kleinbuchstaben gemischt angeboten, in der Hoffnung, dass sich die Lehrkraft das jeweils Richtige aussucht. Ober- und Unterlängen werden nicht eingehalten.

Die »schludrige« Handschrift spiegelt in der Regel den Seelenzu-
stand und die negativen Gefühle wider, die mit der ungeliebten
Tätigkeit Schreiben für Kinder mit LRS verbunden sind. Häufig
kommen Kinder mit der unterschiedlichen Geschwindigkeit von
Denken und motorischer Umsetzung beim Schreiben nicht klar.
Hilfen zur Verbesserung der Handschrift sollten jedoch nicht
isoliert als reines Training ohne Änderung der Einstellung zum
Schreiben erfolgen.

Die »schludrige« Hand-
schrift spiegelt oft
die negativen Gefühle
wider, die mit der
Tätigkeit Schreiben für
Kinder mit LRS ver-
bunden sind.

Worauf sollten Sie bei der Einführung der verbundenen Schrift achten?

Spätestens in der zweiten Klasse verlangen die Schulen in allen
Bundesländern die Einführung einer sogenannten »Ausgangsschrift«. Dafür stehen in Deutschland verschiedene Ausgangsschriften zur Verfügung, wobei im Westen die 1973 eingeführte
Vereinfachte Ausgangsschrift VA vorgezogen wird und im Osten
die seit 1968 gültige Schulausgangsschrift SAS. Seit Kurzem ist in
Hamburg wahlweise eine weitere Ausgangsschrift hinzugekom-
men, die sogenannte »Grundschrift«, mit dem freilich bislang
umstrittenen Ziel, den Kindern das Schreiben zu erleichtern.

Druckschrift

Vereinfachte Ausgangsschrift

Schulausgangsschrift!

Grundschrift

österr. Schulschrift von 1995

Schweizer Primarschulschriften

Hinweise auf Schwachstellen der Vereinfachten Ausgangsschrift

Bei der VA gibt es einige kritische Stellen, die Sie bei Ihrem Kind beachten sollten. So sind die Buchstaben »r« und »v« sehr ähnlich, und das »s« am Ende eines Wortes darf nicht durchgezogen werden, da es sonst leicht mit dem »x« zu verwechseln ist.

Am kritischsten ist jedoch das sogenannte »Köpfchen-e«, das das »Schleifen-e« der Lateinischen Ausgangsschrift abgelöst hat und für viele Kinder sehr kompliziert ist. Selbst Grünewald, der zu den Entwicklern der VA gehört, empfiehlt: »Das Köpfchen-e kann im Zuge der Schreibentwicklung bei einigen Kindern auch in ein Schleifen-e übergehen. Das setzt aber voraus, das Schleifen-e an den vorhergehenden Buchstaben anzubinden und beide in einem Zug zu schreiben« (Grünewald/Kleinert 1998, S. 30).

Wie kann eine Handschrift lesbarer werden?

Damit sich Kinder keine falsche Griff- und Schreibhaltung an-
gewöhnen, die bei ansteigender Schreibgeschwindigkeit zu Verkrampfungen des abgeknickten Handgelenks führen kann, sollte von Anfang an auf die richtige Griffhaltung geachtet werden.

Der sogenannte Pfötchengriff, bei dem der Stift mit Daumen,
Zeigefinger, Mittel- und Ringfinger gehalten wird, sollte sich im
Verlauf des ersten Schuljahrs zur dynamischen Tripodenhaltung
entwickeln.

Daumen, Zeige- und Mittelfinger bilden das sog. Tripod (Stativ).
Der Stift ruht leicht auf dem Mittelfinger wie in einer Hänge-
matte, das Stiftende zeigt zur Schulter, das Handgelenk und die
Finger bleiben beweglich.

So sieht eine gute
Stifthaltung aus.

Links- und Rechtshänder sollten sich eigentlich nicht in ihrer Griffhaltung unterscheiden, wohl aber sollte ihre Schreibunterlage unterschiedlich ausgerichtet sein.

Hilft eine Umstellung der Handschrift?

Es lohnt sich immer, wenn Ihr Kind einen Schnellkurs in einer der verschiedenen Schriften absolviert oder in Absprache mit der Lehrerin gleich auf Druckschrift umstellt. Ich habe gute Erfolge mit einer modifizierten Schulausgangsschrift (SAS) erzielt, welche die Schwächen der Vereinfachten und Lateinischen Ausgangsschriften ausgleicht. Das übergeordnete Ziel muss sein, dass Ihr Kind unökonomische falsche, gegenläufige Schreibbewegungen durch ökonomische ersetzt und übermäßige Anspannung der Muskulatur und zu hoher Schreibdruck reduziert werden, um die Schreibgeschwindigkeit und Ausdauer zu fördern.

Ziel ist es, dass Ihr Kind falsche Schreibbewegungen durch ökonomische ersetzt und so übermäßige Anspannung und zu hoher Schreibdruck reduziert werden.

Tipps für Linkshänder

Bei richtiger Anleitung kann die Schreibbewegung eines Linkshänders genauso flüssig werden wie beim Rechtshänder. Wegen fehlender Vorbilder und spiegelbildlicher Ausführung muss der Schreibtechnik aber besondere Aufmerksamkeit gewidmet werden.

Weil es ihnen leichter fällt, beginnen Linkshänder oft, spiegelbildlich von rechts nach links zu schreiben.

Bei einem Linkshänder ist darauf zu achten, dass er sich nicht eine Schreibhaltung »von oben« mit abgeknicktem Handgelenk aneignet. Diese Handhaltung fällt Linkshändern mit Bleistift leichter. Sobald aber mit Tinte geschrieben werden soll, verwischt der Schreiber das Geschriebene mit seiner linken Hand. Leider ist es dann in der Regel sehr mühsam oder gar zu spät zum Umstellen der Handhaltung. Inzwischen gibt es für Links- und Rechtshänder Bleistifte, Buntstifte und Tintenroller in ergonomischer Dreiecksform.

Beim Üben von Fehlerwörtern hilft es, wenn Linkshänder das zu schreibende Übungswort am rechten Seitenrand sehen können. Schreibtischunterlagen mit Hinweisen zur Heftlage und Handhaltung unterstützen die Ausbildung einer lockeren, unverkrampften Schreibhaltung (Sattler 1996). Während Rechtshänder den Stift von links nach rechts über das Blatt »ziehen«, müssen Linkshänder ihn nach rechts »schieben«.

Linkshänder und
Rechtshänder

Linkshänder

> benötigen spezielle Schreib- und Schneidegeräte,
> sollten auf einem linken Eckplatz mit geradem Blick zur Tafel sitzen,
> brauchen Licht von rechts,
> sollten Abschreibtexte rechts hinlegen,
> benötigen Lockerungsübungen für die Schultern und Handgelenke und
> müssen ihre Schreibunterlage schräg legen.

Varianten für eine Umstellung der Schreibhaltung und Schrift

Mit dem Übergang von der Grundschule zur weiterführenden Schule braucht jedes Kind eine unverkrampfte und lesbare Handschrift. Es muss der Diktiergeschwindigkeit der Lehrkräfte folgen und Tafeltexte rasch abschreiben können. Häufig wird ein Kind mit schreibmotorischen Auffälligkeiten von den Lehrern an Ergotherapeuten überwiesen. Dabei konnte in internationalen Untersuchungen nachgewiesen werden, dass ein Schreibtraining effektiver hilft. Es stellt sich darüber hinaus die Frage, ob eine Umstellung der Handschrift auf eine andere Ausgangsschrift hilft, sauberer und schneller zu schreiben. Warum kann es nicht Druckschrift sein? Sie ist in vielen anderen Ländern als Normalschrift akzeptiert.

Julia: Keiner ihrer Lehrerinnen war bislang aufgefallen, dass Julia, die zweisprachig aufwächst und eine französische Schule besucht, noch in der vierten Klasse mit »Pfötchengriff« und viel zu starkem Druck schrieb. Die Folge war eine völlig verkrampfte Schreibhaltung mit rascher Ermüdung und dadurch gesteigerter Fehlerzahl. Ihr Schreibtempo war zu gering. Die Handgelenke und der Nacken verkrampften regelmäßig. Der Schreibfluss wurde nach jedem i oder Umlaut unterbrochen, aus Angst, den i-Punkt oder das Oberzeichen zu vergessen. Die Nase klebte fast auf dem Heft. Schreiben wurde als sehr lästig empfunden.

Julia hat sich für die Umstellung ihrer Handhaltung eine harte, aber für sie erfolgreiche Methode ausgedacht:

Ich hab mir das Angewöhnt, weil ich mir in der nacht, ~~mit~~ klebeband um den finger gewickelt habe.

Mit dem Übergang zur weiterführenden Schule braucht jedes Kind eine unverkrampfte und lesbare Handschrift.

Schreiben ist viel mehr als Schrift!

Wie gewinnt Ihr Kind Freude am Schreiben?

Ein Kind mit LRS macht meist negative Erfahrungen im Umgang und mit der Bewertung seiner schriftlichen Leistungen im Unterricht. Das Ergebnis ist, dass es kaum Zutrauen in seine Fähigkeiten hat, sich aus Angst vor Fehlern nur ganz knapp ausdrückt und keinen Sinn im Schreiben sieht, wie **Christina** (Erinnerungen S. 19 ff.) bis zum Abitur glaubte: »Da ich voll auf die Rechtschreibung fixiert war, musste der Rest auf der Strecke bleiben. Ich dachte lange, Fehler sind gleichbedeutend mit schlechter Form und Ausdrucksweise, wie ich es immer in der Schule hören musste.« Heute als Jungautorin hält sie nichts mehr vom Schreiben ab.

Anregungen zum Schreiben für Ihr Kind lassen sich in vielfacher Form im Internet finden. So gibt es z. B. bei Blinde Kuh eine Onlinezeitung, auf der Ihr Kind Geschichten, Erlebnisse oder Sachtexte veröffentlichen kann. Ähnliches gilt für andere Kinderwebseiten. Kinder- und Jugendbücher, die Lernschwierigkeiten thematisieren (z. B. Galvada: 35 Kilo Hoffnung, Lebert: Crazy, Klages: Mein Freund Emil), bieten sich als Einstieg in die Auseinandersetzung mit den eigenen Schwierigkeiten und deren Verarbeitung an. Allerdings muss man sehr vorsichtig sein und darf nicht den Fehler begehen, zu viel hineinzuinterpretieren.

Tipps

Seien Sie ein Vorbild!

Wer schreibt noch Briefe mit der Hand oder führt Tagebuch? Diejenigen von uns Erwachsenen, die keine Internetfreaks sind, dort per Chat kommunizieren oder sich in den sozialen Netzwerken bewegen, schreiben oft nur noch selten aus positivem Anlass, sondern füllen stattdessen Steuer- oder sonstige Formulare aus, verfassen Arbeitsberichte, fechten Strafzetteln an, schreiben kurze E-Mails, SMS ...

Versuchen Sie also, ein Schreibvorbild für Ihr Kind zu sein. Bemühen Sie sich, möglichst oft Dinge schriftlich statt mündlich oder per Telefon zu erledigen. Einige Beispiele:

> Benutzen Sie eine Wandtafel in der Küche für Nachrichten!
> Notieren Sie, was zu erledigen oder einzukaufen ist!
> Stellen Sie einen »Kummerkasten« für die innerfamiliäre Kommunikation auf!
> Schreiben Sie Briefe und Geburtstagskarten an Freunde und Verwandte und initiieren Sie Brieffreundschaften der Kinder!
> Erfinden Sie Geschichten für Ihr Kind oder schreiben Sie ihm bei besonderen Anlässen einen Brief!
> Halten Sie Familienerlebnisse fest und ergänzen Sie diese mit Fotos oder Bildern Ihres Kindes!
> Lassen Sie im Urlaub alle Familienmitglieder abwechselnd ein Ferientagebuch führen, das später mit Fotos, Fahr- und Eintrittskarten und Bildern eine bleibende Erinnerung wird!

Ermutigen Sie Ihr Kind zum Schreiben!
Bereits die Kritzeleien eines Kleinkindes sind erste Versuche, mit der Umwelt in Kommunikation zu treten. Selbst Kinder mit sehr großen Schreibproblemen zeigen dann Interesse am Schreiben – und vor allem am normgerechten Schreiben –, wenn sie wissen, dass ihr Text (ver)öffentlich(t) und von anderen gelesen wird. Dafür gibt es viele Gelegenheiten: Leserbriefe an die Zeitung, Teilnahme an einem Wettbewerb oder selbst verfasste Texte als Geschenk, wie z. B. eine Rezeptsammlung, eine Geschichte oder ein Ferientagebuch. Das Erfinden und Schreiben von Geschichten fördert die Fantasie und die Kreativität. Schenken Sie

Schenken Sie Ihrem Kind eine schöne Mappe, in der es seine von Hand geschriebenen Texte aufhebt.

Ihrem Kind eine schöne Mappe, in der es seine von Hand geschriebenen Entwürfe aufhebt und dann die am Computer überarbeitete Fassung sammelt.

Nach dem Sammeln von Stichwörtern und dem ersten Schreiben sollte Ihr Kind die Geschichte zwar vorlesen, aber nicht aus der Hand geben, damit die Aufmerksamkeit des erwachsenen Lesers nicht durch Fehler abgelenkt wird. Um Platz für Ergänzungen in der ersten Fassung zu haben, sollte der Text nur in jede zweite Zeile geschrieben werden und anschließend in mehreren Schritten bearbeitet werden, wie näher auf S. 90 ff. (Lern- und Arbeitstechniken) beschrieben wird.

Bieten Sie Ihrem Kind Hilfen an!
Schenken Sie Ihrem Kind Dinge, die zum Schreiben anregen: Tintenroller oder Kalligrafiefüller in seiner Lieblingsfarbe, bunte Stifte, Radierer, Spitzer, Schreibpapier, Tagebuch, Zaubertinte.

Wie bereits erwähnt, bietet sich ein Computer als motivierende Schreibhilfe an, vor allem wenn Sie ein kindgerechtes Textverarbeitungsprogramm und vielleicht noch einen Scanner für die persönliche Gestaltung haben. Ihr Kind kann seine Texte leicht gestalten, verändern, Fehler korrigieren und mit Sprache kreativ spielen. Dabei wird es von vielfältigen Gestaltungsmitteln (Schriftarten, räumliche Anordnung, Farbe, Bilder, Hintergrund, Musik oder Animation) unterstützt.

Verlangen Sie nicht zu viel!
Schreiben macht nur Freude, wenn man keine Angst vor Fehlern haben muss! Seien Sie also vorsichtig mit kritischen Anmerkungen. Erwachsene und viele Lehrkräfte sind so auf Rechtschreibung fixiert, dass die Gefahr besteht, dass der Inhalt des Texts oder Briefs ganz in den Hintergrund tritt. Abfällige Kom-

Schreiben macht nur Freude, wenn man keine Angst vor Fehlern haben muss!

mentare blockieren jedoch die Schreibfreude! Lassen Sie sich daher das Schreibprodukt Ihres Kindes zunächst vorlesen! Dabei merkt es dann oft selbst, ob etwas im Satzbau oder von der Story her nicht stimmt.

Hier eine Wunschgeschichte von Nathalie in dritter Bearbeitung:

Die Rechtschreib-Nachhilfe
Als Micky Maus junior an einem Frühlingsmittag traurig nach Hause kam, fragte ihn seine Mutter: »Habt ihr das Deutschdiktat zurückbekommen?« Micky antwortete: »Ja, ich habe eine Note besser als Minny Maus junior.« »Und welche Note hat Minny?«, fragte seine Mama. »Minny hat eine 6!«, sagte Minny. »Eine 5!«, schrie die Mutter. Micky rannte in sein Zimmer, um nicht weiter angeschrien zu werden. Er machte seinen Schulranzen auf und holte das Diktat raus und las es sich fünfmal durch. Er stellte fest, dass die 20 Fehler nur die Rechtschreibung betrafen. Micky nahm einen Block und Stift und schrieb 50-mal: »Diese dumme Rechtschreibung.«
Beim Mittagessen hörte Micky, wie der Vater die ganze Zeit nur von Nachhilfe sprach. »Meine Cousine Sindy ist doch ein Rechtschreib-As!«, meinte Micky. Seine Mutter rief an und machte einen Termin aus und schwups war sie da. Zwei ganze Stunden übten sie. Danach fühlte Micky, dass er schon viel gelernt hatte. Das war am Mittwoch. Sindy kam auch am Donnerstag und sie lernten drei Stunden. Am Freitag in der dritten Stunde war wieder Deutschdiktat! Am Ende las Micky sich das Diktat noch zweimal durch und bemerkte keinen Fehler. Am Montag bekam er das Diktat zurück. Als er nach Hause kam, fragte ihn seine Mutter: »Habt ihr das Diktat zurückbekommen?« »Ja, ich habe eine Note besser als Minny und sie hat eine Zwei!«, sagte Micky »Eine Eins!«, lachte Mickys Mutter. Und wenn er nicht gestorben ist, dann ist Micky junior immer noch ein Rechtschreib-As!

Rechtschreibung lernt man nur durch gezieltes Üben!

Rechtschreibenlernen als Problem?

Wen ich ganz fiele feler mache im Diektart dann habe ich angst. Das Diehtart zu zeigen. Ich fer steche es imer for meinen Eltern zwei oder fier Tage. Bei den Hausaufgaben wen ich dar ganz fiele feler mache. Und ich es meinem Papa zeige dan fengt er an mit mier zu schimfen an. Mantschmal wen ich auch ~~fiele feler schreibe dan sagt er~~

Wen ich es meiner Mama zeige und ich ganz fiele feler schreibe dann sagt sie nur das ich es beser han. Und das ich es noch meil schreiben sol.

Nadja, 8 Jahre alt und Schülerin einer 3. Klasse, schafft es immerhin, ihre Ängste und negativen Erfahrungen, die viele Kinder mit der Rechtschreibung verbinden, in Worte zu fassen. Doch macht ein Kind viele Rechtschreibfehler, wird es immer noch fälschlicherweise von manchen Lehrkräften – und unwissenden Eltern – als dumm oder faul abgestempelt, obwohl nachweislich Rechtschreibung und Intelligenz sehr wenig miteinander zu tun haben. Ein Kind spürt jedoch die Ablehnung und gerät leicht in einen Teufelskreis von Lern- und Verhaltensauffälligkeiten. Manchmal fallen die Schwierigkeiten zunächst nicht auf, da Kinder mit einem guten visuellen Gedächtnis die oft wörtlich geübten Diktate lange auswendig lernen; erst ungeübte Diktate oder Aufsätze in der dritten oder vierten Klasse, manchmal leider erst in der fünften Klasse, zeigen den wahren Stand in der Schreibentwicklung.

Nachweislich haben Rechtschreibung und Intelligenz sehr wenig miteinander zu tun.

Wie finden Sie den aktuellen Lernstand Ihres Kindes heraus?

Wie die Übersicht (S. 29) zeigt, durchläuft ein Kind beim Schreibenlernen ebenso wie beim Lesenlernen eine Reihe von hierarchischen Strategien, die Kinder anwenden, wenn sie ihnen unbekannte Wörter schreiben sollen. Daneben verfügen Kinder allmählich über einen wachsenden Bestand an gelernten Wörtern, die zunächst auswendig gelernt werden,

Strategie I: Skelettartige Schreibungen

Die meisten Kinder lernen im ersten Schuljahr den Bezug zwischen gesprochener und geschriebener Sprache zunächst auf der Ebene der Laute und Buchstaben. Voraussetzung sind die Kenntnis der Lautwerte von Buchstaben und die Fähigkeit zur Lautanalyse. Meist werden nur die wichtigsten Lautwerte – vor allem Konsonanten – wiedergegeben. So entstehen skelettartige Schreibungen wie die von **Simon** auf S. 131, BÄMEN (Badminton) oder FUSBL (Fußball). Dabei werden manchmal Wörter ausgelassen, häufig wird jedoch zumindest jede Silbe durch wenigstens einen Buchstaben markiert.

Strategie II: Alphabetische Strategie:
Schreiben nach dem Prinzip »Schreibe, wie du sprichst«

Die Kinder orientieren sich dabei vorwiegend an ihrer eigenen Artikulation, d. h. an ihrer Umgangssprache. Sie sprechen Wörter langsam vor sich hin und notieren dabei die bei der Artikulation auftauchenden Laute, z. B. »aien« oder »aein« für »ein«. Durch das gedehnte Artikulieren entstehen auch künstlich andersartige Laute, wie **Nadjas** »Diektart« auf der Vorseite.

Strategie III: Orthografische Strategie:
Verwendung orthografischer Muster

Kinder erkennen nun, dass es Schreibweisen gibt, die von der

Lautung abweichen. Fehler entstehen dadurch, dass Kinder fälschlich orthografische Regelungen dort anwenden, wo sie nicht gefordert sind. Wir sprechen dann von »Übergeneralisierungen«, z. B. »er vragt« (fragt), »wier« (wir) in Analogie zu »wie«.

Strategie IV: Übergang zur entwickelten Rechtschreibfähigkeit

Neben einem immer größeren Bestand an gelernten Wörtern verfügen Kinder jetzt über Strategien, die sie beim Schreiben unbekannter Wörter anwenden. Je nach Übung und Kenntnis der Regeln kommen sie damit zur richtigen orthografischen Wiedergabe von Wörtern. In Stresssituationen ist zu beobachten, dass Kinder auf eine einfachere Strategie als die zunächst angewendete zurückgreifen, meist auf die fehlerträchtige **Strategie II**.

Manche Kinder zeigen in ihren Schreibungen gleichzeitig Leistungen auf unterschiedlichen Niveaustufen.

Sind Fehler wichtig?

Ja! Denn aus Fehlern wird man klug, wie schon das Sprichwort sagt. Fehler sind wichtige Schritte auf dem Weg zur Normschreibung. Der bekannte amerikanische Leseforscher Goodman nennt Fehler »Fenster in das Bewusstsein des Lernenden«. Wenn ein Kind z. B. die »Blüte« mit »üh« schreibt, so kann sich beim Nachfragen herausstellen, dass es eigentlich eine intelligente Leistung vollbracht hat, nämlich die Anwendung des Prinzips der Ableitung von »blühen«. Pech war, dass das »h« hier zur Endsilbe »hen« und nicht zum Stamm »blü« gehört.

Der amerikanische Leseforscher Goodman nennt Fehler »Fenster in das Bewusstsein des Lernenden«.

Übrigens: Vieles von dem, was heute als Fehler angestrichen wird, war früher einmal Normalschreibung. Interessant ist z. B., dass im Mittelhochdeutschen um 1200 in »Der Nibelunge not«

außer Eigennamen und Satzanfängen alles klein geschrieben wurde.

Tipps zum Üben der Rechtschreibung

Erfolgreiches Üben setzt voraus, dass es vom Kind angenommen wird und regelmäßig in positiver Atmosphäre erfolgt.

> Lassen Sie Ihr Kind die Wörter schreiben, die es falsch schreibt, nicht solche Wörter, die andere als schwierig bezeichnen. Besonders geeignet ist das Üben mit einer eigenen Lernkartei.
> Beim Üben sollten Sie Ihrem Kind viele verschiedene Lösungswege und Arbeitstechniken anbieten (über das Ohr, das Auge, die schreibende Hand, den Kopf und das Nachschlagen im Wörterbuch).
> Im Deutschunterricht der Grundschule wird häufig ein Klassenwortschatz geübt, an dem Sie sich beim Üben orientieren sollten. Er setzt sich in der Regel aus den im Deutschen häufigsten Wörtern zusammen und aus solchen, die für Kinder und für das Erlernen der Rechtschreibung wichtig sind. In der Regel stehen die Wortlisten im Anhang des Sprachbuchs oder des Übungsmaterials.
> Zeigen Sie Ihrem Kind schon frühzeitig, wie es in Zweifelsfällen im Wörterbuch und Lexikon nachschlagen kann. Es ist gut, wenn Ihr Kind feststellt, dass auch Erwachsene nachgucken müssen.
> Belohnen Sie sich und Ihr Kind für zusätzliches Üben! Erwarten Sie nicht, dass sich die Schulnoten schon nach kurzer Zeit des regelmäßigen und systematischen Übens verändern.
> Haben Sie und Ihr Kind Geduld! In der Schule erlebt Ihr Kind sich schon oft genug als Versager. Zeigen Sie ihm, dass es – wenn auch zunächst im Kleinen – Erfolg haben kann. Sie fördern das Selbstvertrauen Ihres Kindes, wenn Sie seine

Leistung und Anstrengungen loben, auch wenn nicht alles richtig geschrieben ist. Wer zu viel kritisiert oder die Aufmerksamkeit auf die Fehler lenkt, erreicht nur, dass das Kind in Zukunft dem Schreiben aus dem Weg gehen wird.

> Bei Aufsätzen und Geschichten sollte der Textinhalt im Vordergrund stehen. Erst bei der Überarbeitung geht es um die äußere Form und damit die Richtigschreibung.

> Ermutigen Sie Ihr Kind, dass es sich angewöhnt, seine schriftlichen Arbeiten nach einer Pause noch einmal durchzulesen, bevor es sie aus der Hand gibt! Während dies für normale und gute Rechtschreiber selbstverständliche Routine ist, sind Kinder mit LRS oft so froh, die ungeliebte Tätigkeit hinter sich zu bringen, dass sie diese Chance nicht mehr nutzen können. Bewährt hat sich der Trick, den Text vom Ende her Wort für Wort noch einmal durchzugehen, da dann mit verändertem Blickwinkel gelesen wird und Fehler eher entdeckt werden.

> Unterstützen Sie das Lesen Ihres Kindes! Lesen fördert neben vielem anderem auch das Einprägen geläufiger Schreibungen.

Rechtschreibdiagnose: Welche Fehler macht Ihr Kind?

Der aktuelle Lernstand Ihres Kindes lässt sich einfach mit informellen Tests feststellen, die Aufschluss über seine Vorstellungen liefern. Die Tests finden Sie im Anhang.

> 10-Wörter Test (1.–3. Klasse)
> 20-Wörter-Test (3.–4. Klasse)

Fehleranalyse anhand einer Geschichte von Naiena

Welche Strategien Ihr Kind bereits erworben hat und welche Einsichten noch fehlen, können Sie als Eltern bei der Durchsicht freier, ungeübter Texte Ihres Kindes (Geschichten, Notizen) feststellen.

Die Wörter, bei denen Unsicherheiten bestehen, sollten Sie sammeln und entweder in Wortlisten zusammenfassen und Ihr Kind wiederholend üben lassen oder noch sinnvoller mit einer eigenen Lernkartei festigen.

Vier häufige Verstöße gegen die Regeln unserer Orthografie möchte ich anhand von Naienas Geschichte kurz vorstellen:

Es war ein mätchen das hate eine
Katze bekomen die katze hieß
susi sie war aein bebi kätzien und
sie wolte immer in den gathen
aber dar war ein loch in
gatenzauen.
das bäbikätchen liff heraus das
kätzien hatte furchbare anst waiell
dar sofile schdrasen

1. »Schreiben, wie man spricht«: Unsere heutige Rechtschreibung ist keine Lautschrift, sondern eine Buchstabenschrift, in der neben lautlichen auch grammatische und inhaltliche Informationen wiedergegeben werden. Diese Strategie ist höchst fehlerträchtig da im Deutschen der Anteil an lautgetreuen Wörtern nicht sehr groß ist. Naiena fehlt Sicherheit im Grundwortschatz: anst, bebi, waiell

2. **Verwendung von Dehnungs- und Kürzezeichen**: Kinder bilden sich oft eigene »logische« Regeln, die jedoch nicht mit denen unserer Orthographie übereinstimmen müssen, und beachten statt des betonten, kurz gesprochenen Selbstlauts oft den folgenden Konsonanten: hate, komen, wolte. Die Verdopplung eines Konsonanten deutet an, dass der Vokal davor kurz gesprochen wird (M*u*tter – M*u*t). Der Hinweis, ein Wort mit Klatschen in Silben zu trennen, um die zwei Mitlaute zu hören, ist in diesen Fällen nicht sinnvoll. Wir sprechen ja nicht Mut-ter, sondern die Sprechsilben sind Mu-ter.

3. **Schreiben ohne Punkt und Komma**: Ein Kind, das beim Lesen die Satzzeichen nicht berücksichtigt (und daher den Sinn oft nicht verstehen kann), vergisst diese in der Regel auch beim Schreiben. Ihm ist die Bedeutung der Punkte und Kommas noch nicht klar. Hier hilft es, wenn das Kind zunächst jeden neuen Gedanken in einer neuen Zeile beginnen lässt. Die Wichtigkeit von Satzzeichen wird einem Kind auch deutlich, wenn man seine eigene Geschichte beim Vorlesen mit Pausen an der falschen Stelle entstellt.

4. **Groß- und Kleinschreibung**: Naiena hat zwar das erste Wort ihrer Geschichte großgeschrieben, dann jedoch selbst nach dem Punkt alle Wörter kleingeschrieben. Hier hilft Karteiarbeit im ganzen Satz.

Welche Übungsformen helfen, damit Ihr Kind weniger Fehler macht?

Gemeinsames Merkmal der drei folgenden Übungsvorschläge ist, dass sie sich alle in der Praxis bewährt haben und auf die individuellen Probleme Ihres Kindes zugeschnitten werden können.

1. Gezieltes Üben besonders häufig vorkommender Wörter

Im Deutschen gibt es sehr häufig vorkommende Wörter, meist Funktions- oder Strukturwörter, die vor allem aus Artikeln (die, der, das), Pronomen (sie, mein, ich, du), Konjunktionen (wenn, dass), Adverbien (ganz, sehr, nur, auch) und einigen wenigen Verben (müssen, haben, können) bestehen. Da viele dieser Häufigkeitswörter nicht lautgetreu geschrieben werden und fehleranfällig sind, ist es wichtig, dass Ihr Kind sie so oft schreibt, bis sie schließlich ohne Nachdenken – quasi aus dem Handgedächtnis – richtig geschrieben werden. Diese Wörter sollten in Wortlisten und im Rahmen der Karteiarbeit in den Sätzen immer wieder geübt werden, da sie für die Masse an Fehlern in Texten und Diktaten verantwortlich sind.

Liste der häufigsten Wörter im Deutschen (nach ihrem Auftreten)

die

der und

in zu den

das nicht von

sie ist des sich mit

dem dass er es ein ich

auf so eine auch als an nach

wie im für man aber aus durch

wenn nur war noch werden bei hat

wir was wird sein* einen welche sind oder

um haben einer mir über ihm diese einem ihr

uns da zum zur kann doch vor dieser mich ihn du

hatte seine mehr am denn nun unter sehr selbst schon

hier bis habe ihre dann ihnen seiner alle wieder meine Zeit

gegen vom ganz einzelnen wo muss ohne eines können sein**

* Pronomen – sein Haus
** Infinitiv des Verbs sein

2. Üben mit einer eigenen Lernkartei

Die Arbeit mit einer Lernkartei, mit deren Hilfe die individuellen Fehlerwörter eines Kindes geübt werden, hat sich seit Jahrzehnten als eine sehr effektive, billige und erfolgreiche Übungsmethode bewährt. Ihr Kind soll mit einer kurzen, erfolgreichen Übung seine Angst vor Fehlern verlieren, neue Motivation zum Schreiben gewinnen und die erworbenen Techniken erfolgreich im schulischen Schreiben umsetzen. Voraussetzung ist jedoch regelmäßiges, kurzes, systematisches und sorgfältiges Üben, was erfahrungsgemäß meist nur unter Mithilfe einer erwachsenen Person möglich ist.

Statt Einzelworttrainings ist das Üben im Satz sinnvoller, der zwei bis vier Problemwörter enthält. Ab der vierten Klasse sollte er aus einem Satzgefüge (Hauptsatz und Nebensatz) bestehen, so dass die Kommasetzung gleich mit geübt wird. Dabei ist es sinnvoll, die Häufigkeitswörter, wie bereits erwähnt, einzubauen.

Die Karteiarbeit fördert neben der Rechtschreibung

> die Satzbildung mit Zeichensetzung,
> den sprachlich richtigen Ausdruck,
> genaues Lesen, Vergleichen und
> übt Lern- und Arbeitstechniken ein.

Was wird benötigt?

Anzuschaffen sind: ein Karteikasten mit passenden Karteikarten in vier Farben (DIN A6 oder A7), ein Schreibheft sowie fünf Karten eines Abc-Registers zur Unterteilung. Die Rückseiten der Registerkarten werden jeweils von 1–4 und die 5. Karte mit »fertig« beschriftet. Sie bilden den Rahmen für die Karteiarbeit.

Woher kommen die Wörter?

Die Fehler Ihres Kindes in Geschichten, Diktaten, Hausaufgaben, Briefen u. a. sind die Wörter, die geübt werden sollen.

Wie richte ich eine Kartei ein?

Zunächst muss festgelegt werden, welche Kartenfarbe welche Wortart bekommt, am besten so, wie es im Deutschunterricht üblich ist: z. B. alle Nomen auf rote, Verben auf blaue, Adjektive auf gelbe und alle anderen Wortarten auf weiße Karteikarten.

Nun werden von einem Erwachsenen die bisher fehlerhaften Wörter einzeln richtig und gut leserlich auf Karteikärtchen der entsprechenden Farbe geschrieben:

> Bei Nomen (Namenwörtern) wird der Artikel (evt. auch die Mehrzahl) ergänzt, z. B. das Haus – die Häuser; die Fabrik – die Fabriken; der Fuchs – die Füchse,

> bei Verben das Personalpronomen (persönliche Fürwort) und darunter die Grundform, z. B. er geht – gehen, ihr fallt – fallen; sie fährt – fahren; sie nahm – nehmen,

> bei Adjektiven eventuell die Verlängerungsform (bei Endungen -ig, -lich) oder ein verwandtes Wort, das die Schreibung näher erklärt, z. B. gefährlich (fahren); nächster (nach); eklig (ekliger).

Die kritische Stelle im Wort, die den Fehler bewirkte, kann auch noch innerhalb des Wortes farbig markiert werden, z. B. hässlich (der Hass).

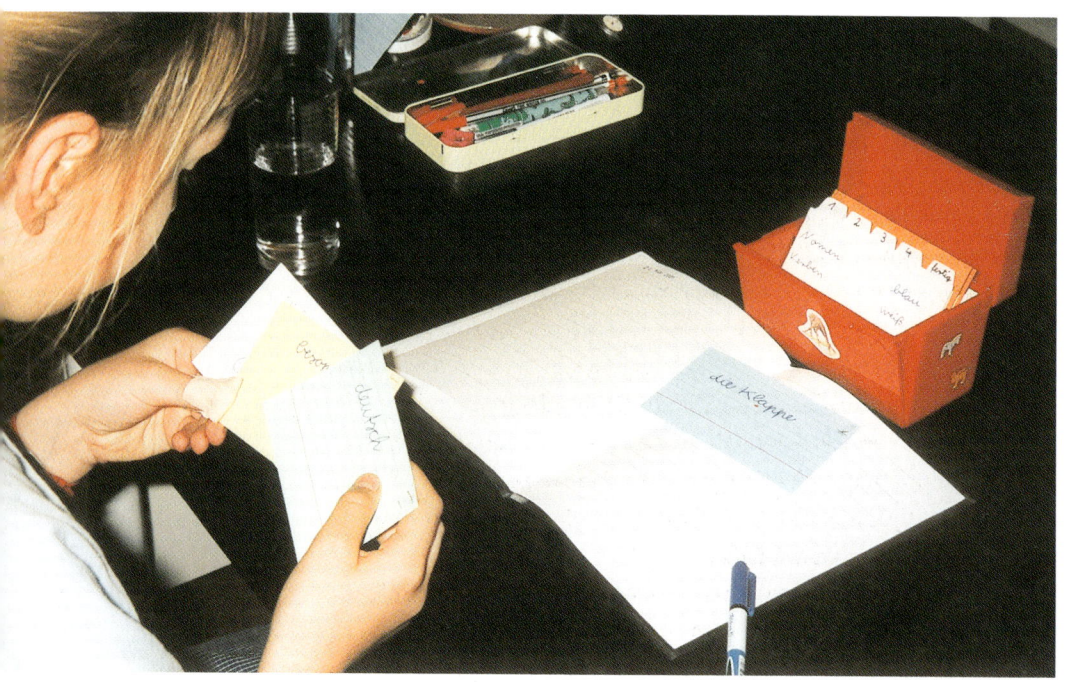

Außerdem sollten Dehnung und Kürzung markiert werden: die Länge des Vokals (Selbstlaut) mit einem Strich: z. B. er fährt (fahren). Wird der Selbstlaut kurz gesprochen, wird darunter ein Punkt gesetzt: z. B. ihr esst (essen).

Alle neuen Übungskarten kommen in das Fach 1.

Achten Sie bitte darauf, dass auf den einzelnen Karten nicht zu viele Informationen stehen!

Wie wird geübt?

Das Üben erfolgt am sinnvollsten in einem extra dafür angelegten Heft. Das Ziel sollte sein, dass Ihr Kind möglichst viele Wörter richtig schreibt. Es sollte täglich (außer am Wochenende und außer im größten Teil der Ferien) insgesamt 10–15 Minuten geübt werden.

> Nach Eintrag des Datums nimmt Ihr Kind 2–4 Karteikarten – später aus unterschiedlichen Fächern – und liest sie sich sorgfältig durch. Es überlegt: Was ist das Besondere am Wort, was muss ich beachten?
> Es überlegt sich einen Satz mit den ausgewählten Wörtern und nennt ihn. Damit der Satz sprachlich richtig ist und auch nicht zu viele zusätzliche schwierige Wörter den Lernerfolg gefährden, sollten Sie den Satz ggf. leicht korrigieren. Jetzt werden die Karten umgedreht zur Seite gelegt.
> Nun diktieren Sie Ihrem Kind diesen gemeinsam überlegten Satz langsam und deutlich ins Heft und kommentieren dabei Regeln, die Ihr Kind noch nicht ausreichend beachtet, z. B.: Wie schreibt man am Satzanfang?
> Ihr Kind soll diesen Satz anschließend sorgfältig allein durchlesen, einmal von vorne, einmal wortweise vom Ende des Textes her (um sich vom Satzzusammenhang zu lösen).

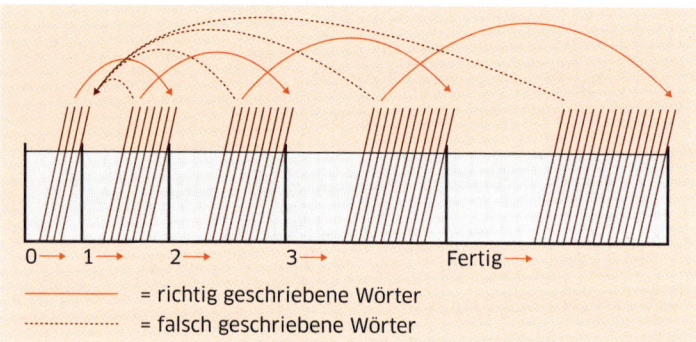

0 →   1 →   2 →   3 →   Fertig →

——————   = richtig geschriebene Wörter

··············   = falsch geschriebene Wörter

Karteisystem

> Erst danach vergleicht es die Karteiwörter einzeln mit dem Text. Wurde ein Karteiwort richtig geschrieben, erhält die Karteikarte rechts oben ein + und wandert ins nächste Fach (von 1 in 2, von 2 in 3 usw.); war das Wort falsch, geht die Karte in Fach 1 zurück und erhält einen Strich. Zur Festigung wird dieses Wort nun dreimal richtig unter den Satz geschrieben.

> Nun gehen Sie den Satz durch, zählen alle richtig geschriebenen Wörter und schreiben einen positiven Kommentar unter die Übung, z. B.: »6 von 8 Wörtern richtig, prima!« Ein Sticker, lustige Stempel oder ein zusätzliches Lob erhöhen die Motivation.

> Wörter, die mindestens fünfmal richtig geschrieben wurden und ins Fach »fertig« gelangt sind, bilden den eigenen, nunmehr gesicherten Schreibwortschatz. Die Karten können an anderer Stelle alphabetisch gesammelt werden und sollten von Zeit zu Zeit überprüft werden.

> Auch bei der Arbeit mit dem Karteisystem gilt, was in diesem Buch schon mehrfach betont wurde: Schaffen Sie eine entspannte und dem Kind wohltuende Atmosphäre. Seien Sie geduldig, setzen Sie das Kind unter keinen Zeitdruck. Loben Sie das Kind für seine Arbeit. Auch aus Fehlern kann man lernen!

3. Üben mit Wortlisten

Falls Ihr Kind sich gegen das Üben mit der Kartei wehrt oder
Sie auch nicht sicher sind, ob Ihre Sätze grammatisch stimmen,
können Wortlisten als Übungsform helfen.

Richten Sie sich am Computer oder per Hand ein DIN-A4-Blatt
im Querformat mit fünf Spalten ein. Nun schreiben Sie in die
erste Spalte die Übungswörter Ihres Kindes, möglichst nach Feh-
lerschwerpunkten geordnet (siehe Karteiarbeit) gut lesbar auf.
Ihr Kind kann dann jeweils das betreffende Wort lesen, zude-
cken, aus dem Gedächtnis schreiben und anschließend mit der
Vorgabe vergleichen. Hat es das Wort richtig geschrieben, hakt
es das Wort ab. War das Wort falsch, wird es sofort in der nächsten Spalte nochmals richtig abgeschrieben. Nach zwei solchen
Durchgängen sollte die dritte Wiederholung über Diktieren erfolgen, um zu überprüfen, ob das Wort nun gesichert ist. Danach
sollte das Kind seine Schreibung wiederum mit der Vorgabe vergleichen.

Lernwort	abschreiben und vergleichen	schreiben und vergleichen	schreiben	schreiben
aus	*aus*			

Ein Satz mit meinen Wörtern: _____

Diese Wörter kann ich schreiben: _____

Diese Wörter muss ich noch üben: _____

Gegen die Diktatur des Diktats

Obwohl Diktate seit Jahrzehnten wegen ihrer höchst zweifelhaften Rolle beim Erlernen der Rechtschreibung von Fachleuten angegriffen werden, halten sie sich im Deutschunterricht als die am weitesten verbreitete Übungs- und leider auch Kontrollform. Dabei sind nur in wenigen Bundesländern überhaupt Diktate vorgeschrieben und bei den Aufgabenbeispielen in den Bildungsstandards der KMK fehlen sie ganz.

Gegen eine starre Benotung der Diktate ihres Kindes mit LRS können sich Eltern mit Verweis auf den in ihrem Bundesland gültigen LRS-Erlass zur Wehr setzen. Generell müssen weder alle Kinder einer Klasse das Gleiche schreiben noch nach den gleichen Kriterien bewertet werden.

Gegen eine starre Benotung der Diktate ihres Kindes mit LRS können sich Eltern zur Wehr setzen.

Eltern berichten oft, dass ihr Kind zu Hause beim Üben eines Diktats viel weniger Fehler als in der Schule mache. Dies leuchtet ein, wenn man weiß, dass Stress und Angst blockieren. Hinzu kommt oft starker Zeitdruck, dem Kinder, die langsamer schreiben, häufig nicht standhalten können. Ein Kind greift in dieser Situation auf die phonetische Schreibweise zurück, die höchst fehlerhaft ist. Zudem ist das Geübte meist kurzfristig trainiert, aber nicht verstanden.

Eine positive Einstellung zum Schreiben wird sicherlich nicht gefördert durch persönliche Vorwürfe, falsche didaktische Ratschläge und die Vorstellung der Erwachsenen, das Kind müsse nur wollen. Ein Kind, das viele Fehler schreibt, muss nicht nur mit den negativen Reaktionen seiner Umwelt leben, sondern ist auch noch durch Korrekturen oder Abschriften mit einem Vielfachen an Hausaufgaben gestraft.

Diktat Nr 1

In der Schule

Julia sucht überall ihren Füller. Sie
viendet ihn nicht. Florian frakt: War
er ~~for~~ vor der Puse noch da. Oder
hast du in ~~terge~~? & Julia antwarten:X
er lag auf meinem Tisch. Aalz die
Lerhrerin, ~~meldet~~ meldet sie
ich. Sie sagt, dass ir felhlt.
Die andern Kinder such mit.
Florian ruft auf aeimal;x Schaut
zum ~~blumentof~~ Blumentopf. dort
sterterer. Wer hat in eingrfazt?

20
Fehler

Mehr
üben!

Note: 5 (-)

Liebe Nadine,
du musst für das nächste Diktat mehr üben!

Diktat-Tipps für Kids

> Gehe die Stresssituation möglichst entspannt an. In den meisten Bundesländern dürfen Diktate bei LRS nicht voll bewertet werden!

> Habe dein Schreibwerkzeug und eine Ersatzpatrone griffbereit!

> Höre beim ersten Vorlesen gut zu, damit du den Text verstehst!

> Achte auf diktierte Satzeichen und Endungen!

> Lass Lücken, wenn du beim Diktieren nicht mitkommst! Du kannst diese dann beim Vorlesen ergänzen!

> Markiere beim Schreiben Wörter, bei denen du unsicher bist, mit einem Punkt, um beim Durchlesen noch einmal nachzudenken oder zu verbessern!

> Falls hinterher genügend Zeit zum Durchlesen bleibt, geh den Text von hinten Wort für Wort durch, dann findest du leichter Fehler!

Materialien zum Rechtschreiblernen

Der Grund für das ebenso reichhaltige wie verwirrende Angebot an Übungsmaterial liegt auf der Hand: Das »Schulkreuz Rechtschreiben« – wie Konrad Duden es bezeichnete – erhält bei zunehmendem Auslesedruck immer mehr Gewicht. Jede Hilfe erscheint lohnend – zumindest im kaufmännischen Sinn. Wenig bekannt ist, dass Übungsmaterialien keinerlei Qualitätskontrollen oder Zulassungsbestimmungen unterliegen.

Der Markt wird beherrscht von Diktatsammlungen und Programmen, die fast alle für Kinder mit LRS ungeeignet sind. Kinder, die richtig schreiben können, haben sicherlich Spaß an diesen Heften. Viele Lehrkräfte verlassen sich jedoch darauf, dass die in Rechtschreibmaterialien und Lehrbüchern angebotenen Übungsformen sprachwissenschaftlich und lernpsychologisch sinnvoll und hilfreich sind und empfehlen sie Eltern zum häuslichen Üben mit ihrem Kind. Dies ist ein Irrtum, der für Kinder mit LRS deshalb verhängnisvoll sein kann, weil viele Übungsformen mehr zur Verunsicherung, also zu mehr Fehlern, als zum Erlernen der richtigen Schreibweise führen. Auch nach der Rechtschreibreform gibt es nur wenige sinnvolle Übungsmaterialien, die durchgängig ohne fragwürdige und falsche Übungsformen auskommen.

Seit mehr als 100 Jahren werden immer wieder solche Ärgernisse kritisiert, trotzdem halten sie sich mit großer Hartnäckigkeit und werden noch durch neue sinnlose Spielereien, z. B. durch NLP, ergänzt.

Warnung vor sinnlosen Rechtschreibübungen!

Von den vielen Ärgernissen sollen hier nur zwei besonders häufig angebotene negative Übungsformen herausgegriffen werden, um ihre Problematik deutlich zu machen:

1. die als Ranschburgsche Hemmung bekannte Erscheinung, die entsteht, wenn Ähnliches bewusst gegenübergestellt wird, und
2. spielerische Übungen, die vom Richtigschreiben ablenken, zu denen sogenannte Wortfetzen, Purzelwörter, Auf- und Abbauübungen und Verwirrspiele zählen.

1. Ranschburgsche Hemmung

Zwei Beispiele: Setze ein F/V/Pf: *abrik, ennig, antasie, irsich, ...*
Was passt hier? chs-x-ks-cks-gs: Kni__ , flu__ , O___e, He__e, ...

Das gleichzeitige Darbieten oder Gegenüberstellen einander ähnlicher Inhalte beim Erlernen bewirkt Interferenzen und provoziert Falschschreibungen, wie Paul Ranschburg bereits 1902 in

Untersuchungen feststellen konnte: »Bei gleicher Intensität und gleichem Gefühlswert werden aus einer gleichzeitig (oder nahezu gleichzeitig) einwirkenden Menge von Reizen die einander unähnlichen bevorzugt, während die einander ähnlichen bzw. identischen aufeinander hemmend wirken« (zitiert nach Warwel 1983, S. 107).

Das Gegenüberstellen einander ähnlicher Inhalte beim Erlernen provoziert Falschschreibungen.

Ranschburg folgert daraus (1928, S. 274): »Das Ähnliche ist voneinander zeitlich getrennt anzueignen. Erst wenn ein Element durchaus fest und gesichert eingeprägt ist, darf an die Aneignung des Ähnlichen geschritten werden, wobei sodann das Ähnlichkeitserlebnis sich von selbst einstellt, während die unterscheidenden Merkmale besonders nachhaltig beleuchtet und ausgearbeitet werden müssen.«

2. Wortfetzenmethode
Zwei Beispiele: Wortsalat: uchsF, reHr, Ptüzef; Silbensalat: fel Ta, la Bett ken, den Bo

Um richtig schreiben zu lernen, benötigen Kinder die Vorgabe richtiger Schreibungen. Alles, was diese verhindert, sollte vermieden werden. Solche Übungsformen haben wenig pädagogischen Wert, benötigen unverhältnismäßig viel Zeit und Kraft. Schülern ist es vielfach unmöglich, diese Aufgaben richtig zu lösen; sie üben sie dann falsch ein. Deshalb ist es wichtig, dass Schüler mit Rechtschreibproblemen immer das **richtige** und nicht das verstümmelte Wort sehen und üben sollen.

Es ist wichtig, dass Schüler mit Rechtschreibproblemen immer das richtige und nicht das verstümmelte Wort angeboten bekommen.

Beispiele aus geeigneten Übungsmaterialien für Kinder mit LRS

Anstelle von Kriterien zur Auswahl von Rechtschreibmaterialien möchte ich an einem, von einem Kind selbstständig bearbeiteten Beispiel aufzeigen, worauf es bei der Auswahl ankommt:

Ronja benötigt trotz ihrer neun Jahre aufgrund ihrer bisherigen Misserfolge mit dem Lesen und Schreiben ermutigende Aufgabenstellungen, die sie lösen kann und die ihr helfen, die fehlenden Einsichten in unser Schriftsystem aufzuarbeiten. Das Lesen wird durch Silbenabstände und das farbige Absetzen mehrgliedriger Grapheme sowie durch einen durchsichtigen Lesepfeil erleichtert, der auch beim Abschreiben hilft. Besonders gern löste sie die Denkaufgaben.

Im Urwald
Affen toben im Urwald.
Sie jagen von Baum zu Baum.
Sie rennen hin und her.
Papageien schreien.
Auf einmal ist es still.
Ein schwarzer Feind kommt.

1 Warum ist es still?

○ Die Affen schlafen.   ○ Ein Freund kommt.   ⊘ Ein Feind kommt.

2 Schau auf das Bild. Wer ist der Feind?

○ ein Löwe   ○ ein Krokodil   ⊘ ein Panter

3 Schreibe die Namen der Tiere ab, die auf dem Bild zu sehen sind.

Flamingo   Jaguar   Papagei   Krokodil
Panter   Elefant   Frosch   Affen

Flamingo, Papagei, Panter, Frosch Affen

Obwohl das Übungsmaterial eigentlich für Kinder im zweiten oder dritten Schuljahr entwickelt wurde, die sich auf dem Weg zur orthografischen Strategie befinden, profitiert auch die 11-jährige *Nadine* von den Übungen zum sinnentnehmenden Lesen, dem Erwerb von Arbeitstechniken wie Abschreiben, Üben und Kontrollieren und den systematischen Blitzleseübungen.

Sinnvolle Materialien sind die folgenden:

Schwerpunkt Grundschule:
> Das schaffe ich! Lese- und Rechtschreib-Schwierigkeiten überwinden. Heft A und B. Schroedel
> Das Elefantenbuch. Schreiben und Rechtschreiben. Übungshefte für 2., 3. und 4. Klasse. Schroedel

Schwerpunkt Sekundarstufe
> 150 MP3-Diktate 5.–10. Klasse. Regeln und Texte zum Üben. Duden Verlag incl. CD mit 150 Audio-Diktaten im MP3-Format und Tipps und Techniken zur Selbstkontrolle
> Abschreiben erwünscht. Texte zum Abschreiben, Üben und Diktieren. Hefte für 5/6, 7/8, 9/10. Cornelsen, Berlin – eine sehr sinnvolle Kombination von Anleitungen zum Abschreiben, Üben wichtiger Wörter und Einsichten in Regelungen, Syntax und Grammatik
> Lerne und wiederhole. Lesen, Schreiben und Rechtschreibung üben mit Tipps von Konfuzius (über www.abc-netzwerk.de) – Material zur selbstständigen Bearbeitung, 4.–7. Klasse

Hilft der Computer beim Üben der Rechtschreibung?

In der öffentlichen Diskussion wird zunehmend dafür plädiert, die Handschrift zugunsten neuer Medien aufzugeben. Doch gibt es neben der unzureichenden medialen Ausstattung in Schulen auch schreibtechnische Gründe für deren Beibehaltung. Das wiederholte Schreiben von Wörtern mit der Hand bewirkt nämlich, dass sie quasi aus dem Handgedächtnis ohne Nachdenken geschrieben werden können. Ein weiterer Grund für das Üben der Rechtschreibung mit der Hand ist, dass im Unterricht und vor allem in Klassenarbeiten mit der Hand geschrieben werden muss.

Die Anschaffung eines Computers nur unter dem Gesichtspunkt: »Damit lernt mein Kind besser«, lohnt sich nicht, denn neben erheblichen Kosten verschlingt die Einarbeitung viel Zeit. Auch sieht es bei der Computersoftware, soweit das Angebot überhaupt zu überblicken ist, bisher nicht viel besser aus als am konventionellen Markt für Rechtschreibmaterial. Auch neueste Veröffentlichungen von Fachleuten bestätigen dies. Ich habe bisher noch kein Computerprogramm gefunden, das den Kriterien für sinnvolle Rechtschreibübungen standhielt.

Lese- und Schreibsoftware, wenn auch mit Mängeln
> Fürst Marigor und die Tobis – ab 2. Klasse
> Meisterdetektive jagen Lork – ab 4. Klasse

Die neuen Medien bieten für Schülerinnen und Schüler jedoch vielfältige Möglichkeiten zur Informationsbeschaffung, zur Kommunikation und zur Unterhaltung sowie motivierende Schreibhilfen beim Verfassen der Texte. Mithilfe eines Textverarbeitungsprogramms können sie ihre Texte gestalten, verändern, Fehler korrigieren und mit Sprache kreativ umgehen. Dabei werden sie von vielfältigen Gestaltungsmöglichkeiten unterstützt über Schriftarten, Musik, Bilder, Farbe, Sprache, Fotos oder Animation. Das Schreiben von Geschichten, Zeitungen, Einladungen, Plakaten u. a. macht aber nur dann Spaß, wenn Ihr Kind mithilfe eines 10-Finger-Tipp-Programms schnell »blind« schreiben lernt.

Das wiederholte Schreiben von Wörtern mit der Hand bewirkt, dass sie quasi aus dem Handgedächtnis ohne Nachdenken geschrieben werden können.

Tipps

Der Software- und Internetmarkt verändert sich rasant. Was heute aktuell ist, kann morgen veraltet sein. Bei Informationen im Internet muss man hinterfragen, was der Anbieter bezweckt, wer also z. B. unter www.wissen.de Bertelsmann und unter www.kinderbrockhaus.de seine Produkte anbietet. Die Webseiten der Schulbuch- und Kinderbuchverlage, Fernsehsender, Zeitschriften bieten eine Fülle an Informationen. Bund und Länder haben ein nationales Webportal zu Bildungsfragen eingerichtet (unter www.bildungsserver.de), das allerdings zu Fragen von LRS oder Material sehr eingeschränkt aussagekräftig ist.

Ohne Vokabellernen geht es nicht
Hilfen für die Fremdsprachen

»Main schlimmster Faint ist kein Monster und auch kein Mörder – es sind die Vokabeln. Es ist eine Kual sie kramfartig in seinen Kopf zu bekommen. Und wenn man in die Klasse kommt können natürlich alle die Vocabeln. Das ist das kwalvolste Gefül im Leben.« (Tino, Auszug aus Original)

Die folgenden Hinweise sollen Ihrem Kind Tinos Horrorerlebnisse ersparen helfen, der leider nicht wie die meisten Kinder in der Grundschule erste Berührung mit einer Fremdsprache gehabt hatte, die meist spielerisch über Hören und Sprechen, weniger über das Schreiben erfolgt.

In Klasse 5 erfolgt überall das systematische Erlernen einer Fremdsprache. Nun kommen zum Hören und Sprechen das Leseverstehen und das Schreiben hinzu. Wie soll ein Text richtig ausgesprochen, verstanden und fehlerfrei geschrieben werden, wenn die Vokabeln nicht geübt wurden?

Gleich, welche Fremdsprache gewählt wird, Eltern sollten von Anfang an – falls es die Schule nicht tut – auf das regelmäßige wiederholende schriftliche Üben der Vokabeln achten und dabei unterschiedliche Einprägungsmethoden ausprobieren.

Eltern sollten auf das regelmäßige wiederholende schriftliche Üben der Vokabeln achten.

Muss es in den Fremdsprachen erneut Probleme mit der Rechtschreibung geben?

Diese Frage lässt sich nicht generell beantworten, da jedes Kind eine unterschiedliche Geschichte mitbringt und die Lehrmethoden im Unterricht sehr unterschiedlich sind. Ein Kind mit LRS im Deutschen muss nicht zwangsläufig Schwierigkeiten beim Erlernen einer Fremdsprache bekommen. Das Kind hat inzwischen das, was ihm beim Zugang zur Alphabetisierung in der Muttersprache fehlte, erworben und kann nun unbelastet ein neues Sprachsystem erwerben.

Ähnliche Probleme wie im Deutschen bekommt ein Kind dann, wenn es über das Gehör zu schreiben versucht. Es ist wichtig, einem Kind klarzumachen, dass es sich z. B. in Englisch oder Französisch wegen der größeren Unterschiede zwischen Aussprache und Schreibung von Anfang an ganz anders konzentrieren und die Wörter gezielt, mit schriftlicher Unterstützung einprägen muss. Warum? Wie bereits im Kapitel Rechtschreibung ausgeführt, bilden sich beim Schreiben von Hand Schreibbewegungsmuster, die ein schnelles Reproduzieren ohne langes Überlegen im Unterricht ermöglichen. Neueste Untersuchungen aus Norwegen belegen, dass handschriftliches Schreiben eine Art motorischer Erinnerungsspur hinterlässt und damit die Erinnerung an das Geschriebene leichter fällt.

Handschriftliches Schreiben hinterlässt eine Art motorische Erinnerungsspur, mit der die Erinnerung an das Geschriebene leichter fällt.

Die zu den meisten Lehrbüchern angebotenen Computerlernprogramme bieten zwar meist gute Grammatik- und Satzbauübungen, jedoch wenig nützliche Hilfen zum Richtigschreiben.

Alle Vokabeln, die nach dem zweimaligen schriftlichen Lernen nicht fehlerfrei geschrieben werden können, sollten mit einer Vokabelkartei in Wiederholungsschleifen gesichert werden. Seitenlanges Wiederholen der im Buch aufgelisteten Wörter kann damit entfallen! Das Vokabellernen mithilfe eines handgeschriebenen Vokabelheftes erscheint wenig sinnvoll, da häufig Fehler beim Abschreiben entstehen und die Handschrift meist nicht klar lesbar ist. Wesentlich effektiver sind mit dem Computer erstellte Wortlisten, mit denen das Kind die Wörter mehrfach handschriftlich üben kann:

Eignet sich Latein als erste Fremdsprache?

Oft wird Kindern mit LRS, die das Gymnasium besuchen wollen, das mehr lautgetreue Latein anstelle von Englisch oder Französisch als erste Fremdsprache empfohlen. Das ist nicht unproblematisch. Die Wahl des Lateins setzt sehr gute grammatische Kenntnisse, hohe Abstraktionsfähigkeit, große psychische Belastbarkeit und Motivation beim Kind voraus. Sie birgt zudem eine besondere Gefahr, denn stellt sich nämlich heraus, dass das Gymnasium nicht die richtige Wahl war, so gibt es keine Alternativen, da Realschulen kein Latein anbieten. Das Nachholen des Stoffs einer anderen Fremdsprache stellt für jedes Kind eine große Belastung dar. Auch sollte Eltern klar sein, dass Latein seine Tücken hat. Bestehen noch Leseprobleme, so ergeben Verlesungen oder Überlesen einzelner Buchstaben und Silben einen falschen Sinn.

Hinweise für erfolgreiches Lernen

Die folgenden Tipps möchten helfen, dass der Fremdsprachenunterricht Ihrem Kind mehr Spaß macht und erfolgreich ist:

> Informieren Sie frühzeitig die Fachlehrer darüber, welche Stärken, aber auch welche Schwierigkeiten Ihr Kind bisher

im Deutschen hatte, z. B. ob es sich besonders schwer Wörter merken kann, ob es die Wörter nicht strukturieren kann oder das Lesen noch Sorge bereitet. Das ist wichtig, da die Lehrwerke und auch die Unterrichtsstile variieren und nicht immer alle Lernwege angesprochen werden. Zunehmend haben auch wieder unsinnige Ratestrategien Einlass in die Lehr- und Übungsmaterialien gefunden, die für ein Kind mit LRS hoch frustrierend und verwirrend sind.

> Keine Fremdsprache kommt ohne Vokabellernen aus, auch wenn der Unterricht der Fremdsprache zunächst verstärkt mündlich abläuft und die Lehrkraft meint, die Vokabeln würden sich mit der Zeit einschleifen. Nach einer Anlaufzeit werden die Vokabeln erwartet und ein Kind mit Rechtschreibproblemen braucht bekanntermaßen mehr Übung. Sie sollten von Anfang an mit Ihrem Kind die Vokabeln mithilfe der Lernkartei üben, die auf S. 96 ff. erklärt wird, damit Ihr Kind seine Vokabeln richtig schreiben lernt und versteht. Bei diesem System werden alle Wahrnehmungskanäle einbezogen: das Ohr beim Hinhören, das Auge beim Lesen, die Hand beim Schreiben, der Kopf beim Nachdenken über die Schreibweise.

> Ohne Grammatikkenntnisse sind in den Fremdsprachen langfristig keine zufriedenstellenden Ergebnisse zu erreichen. Es ist daher wichtig, dass Ihr Kind von Anfang an die Struktur der Fremdsprache versteht. Hier unterscheiden sich die Lehrwerke erheblich voneinander und manchmal kommt man ohne eine spezielle Grammatik zum Lehrwerk nicht aus.

> Selbst wenn die im Deutschen überwundenen LRS-Probleme doch in der Fremdsprache auftreten und trotz gezielten Übens mehr Fehler entstehen, können diese durch eine aktive mündliche Mitarbeit, die immerhin 50 % der Note ausmacht, wettgemacht werden. Durch Musik, Internet, Fernse-

hen und Computerspiele haben viele Kinder und Jugendliche heute eine weit bessere englische oder französische Aussprache als frühere Generationen; Internet und Fernsehen bieten zusätzliche kostenlose Lernprogramme und fremdsprachliche Sendungen.

> Da bekanntermaßen dann am besten gelernt und behalten wird, wenn die Sache Spaß macht, sollten Sie alles Spielerische unterstützen und Ihrem Kind Freude an der Fremdsprache vermitteln. Fördern Sie Aktivitäten wie Briefwechsel mit anderssprachigen Kindern, Schüleraustausch, Reisen, bei denen Ihr Kind die Notwendigkeit erlebt, in einer fremden Sprache zu sprechen, und damit die Angst davor verliert.

> Nutzen Sie die Vielfalt der Angebote und suchen Sie aus, was Ihr Kind interessiert. So motivieren Zeitschriften und Comics wie Asterix, Snoopy, Micky Maus oder die Whimpy-Bücher im Original viele Kinder und Jugendliche.

Hier noch ein Tipp für etwas ungewöhnliche Übungshilfen:

> Verb-Raps. Audio CD: Englische Verben leichter lernen mit Rap und Hip-Hop.

> Preposition Raps. Englische Präpositionen leichter lernen mit Rap und Hip-Hop.

> Right or wrong? Raps: Englische Stolpersteine. Leichter lernen mit Rap und Hip-Hop. (alle Mentor Audio Lernhilfen)

Kinder brauchen effektive Lern- und Arbeitstechniken!

Vielen Kindern mit Schwierigkeiten beim Schriftspracherwerb fehlen effektive Arbeits- und Lerntechniken, um selbstständig, ökonomisch und erfolgreich lernen zu können. Sie haben sich sogenannte »Lernkrücken« angeeignet, die sie beim Lernen eher behindern und Fehler provozieren. Trotz vielen Übens verbessern sie ihr Lesen und ihre Rechtschreibung nicht.

Motivation, Freude am Lernen und der Lernerfolg hängen jedoch in hohem Maß davon ab, ob eine Aufgabe in angemessener Zeit gelesen und verstanden, ge- oder abgeschrieben, bearbeitet und positiv beurteilt werden kann – sonst entstehen Frustration, Resignation bis hin zu allgemeiner Schulunlust und Verhaltensauffälligkeiten.

Wie schreibt Nadine, die nie in die Spielecke darf, weil sie nicht fertig wird:

> Ich will nicht im die letze sein Beim den Sietne Spielen die mit ich meinen Freunden will auch mal die Este sein.

Kinder brauchen also Techniken, um rationell und effektiv ohne Umwege Sicherheit zu erwerben, z. B. eine adäquate Schreib- und Lesehaltung, Lesetechniken, Arbeit mit einer Lernkartei und Wortlisten, Punkte, auf die im Verlauf dieses Buches bereits näher eingegangen wurde.

An dieser Stelle sollen Hinweise zu den folgenden hilfreichen Arbeits- und Lerntechniken für Kinder mit verzögerter schriftsprachlicher Entwicklung vorgestellt werden:

> Technik des Abschreibens und der Selbstkontrolle,
> Verfahren zur Bearbeitung freier Texte,
> Kommentiertes Schreiben.

Technik des Abschreibens

Kinder mit verlangsamter Schreib- und Leseentwicklung haben häufig auch Schwierigkeiten, abzuschreiben. Sie versuchen, Fehler zu vermeiden, indem sie unökonomisch kleine Einheiten vom Text buchstabenweise in ihre Abschriften übertragen. Schnell ermüden ihre Augen und die Konzentration lässt nach. Nun wird geschrieben, was gelesen wurde, meist unter leisem Mitsprechen. Am Ende ist der Text fehlerhaft, aber die Schreibenden sind zu erschöpft und frustriert, um die Abschrift anhand des Originaltextes zu überprüfen und zu korrigieren.

Abschreiben von der Tafel gestaltet sich meist noch schwieriger, weil zum Abschreiben noch weitere Probleme hinzukommen, wie ungünstige Sitzordnung, Unruhe im Klassenraum und Zeitdruck. Zum Kontrollieren reicht die Zeit meist nicht aus. Wörter oder Wortteile werden weggelassen oder das Abschreiben wird abgebrochen. Oft sind die Abschriften nicht zu entziffern.

Rasches und richtiges Abschreiben ist im Schulalltag sehr wichtig.

> Satz mit Lesepfeil lesen.

> Text abdecken.
> Schreiben.

> Text aufdecken.
> Mit Lesepfeil Wort für Wort prüfen.
> Berichtigen.

Rasches und richtiges Abschreiben ist im Schulalltag sehr wichtig, wird aber nur selten systematisch eingeübt, obwohl dieser Vorgang sehr komplex ist.

Beobachten Sie, dass Ihrem Kind das Abschreiben schwerfällt, so sollten Sie mit ihm diese Technik einüben. Ein transparenter Lesepfeil erleichtert die Orientierung auf der Zeile und die Gliederung in sinnvolle Einheiten.

Technik der Selbstkontrolle

Erfolgreiche Lerner wissen, dass sie ihre eigene Arbeit regelmäßig kontrollieren und gegebenenfalls verbessern müssen. Hat ein Kind jedoch bereits längere Zeit Schreiben als eine negative Handlung erlebt, so wird es für diese Zusatzleistung zunächst einen äußeren, allerdings gut dosierten Motivationsanreiz benötigen, bis es zur Einsicht gelangt, dass sich die Leistung durch die Kontrolle verbessert.

Auch beim Einüben des Kontrollierens empfiehlt es sich, zunächst mit Einzelwörtern in Wortlisten zu beginnen.

Die Übungswörter werden systematisch gelesen, abgeschrieben, verglichen, dann mit einem Symbol bestätigt oder korrigiert, wobei jedes Mal die Kontrolle mit der vorgegebenen richtigen Schreibung erfolgen muss.

Das Ziel ist, dass das Kind Abschreiben als sinnvoll und hilfreich erlebt und sich das Ergebnis positiv auf seine Schreibsicherheit auswirkt.

Verfahren zur Bearbeitung freier Texte

Wenn Lehrer »feler in tegsten immer als katastrofe finden«, wie Jannis sich beklagt, bedarf es vieler Geduld, um ein Kind vom Sinn des Schreibens zu überzeugen. So wie ihm geht es leider vielen Kindern mit LRS, von deren kreativen Geschichten durch rote Tinte und negative Lehrerkommentare nicht viel übrig bleibt.

Ermutigen Sie Ihr Kind zum freien Schreiben. Der eigene Text an der Pinnwand oder als Geschenk – das spornt auch ein Kind an, das nicht gern liest oder schreibt. Dabei sollte zunächst die Botschaft des Kindes im Zentrum stehen. Der Text zeigt Ihnen, welche Vorstellungen vom Schreiben es inzwischen erworben hat (Vergleich mit Entwicklungsmodell S. 29).

Sicherlich gibt es Kindertexte, die als persönliche Botschaften unbearbeitet als Dokumente gesammelt werden sollen. Aber wie das Schreiben sollte auch das Überarbeiten langsam angebahnt werden.

Sinnvoll ist es, freie Texte zunächst von Hand schreiben zu lassen. Ist vorgesehen, dass der Text bearbeitet oder verschenkt werden soll, so ist es ratsam, mit großem Zeilenabstand (für spätere Korrekturen) zu schreiben. Beim ersten Formulieren einer Geschichte ist ein Kind meist so vom Inhalt gefesselt, dass es auf formale Aspekte (Rechtschreibung, Satzzeichen) wenig achtet. Hilfreich ist es, die Zeile zu wechseln, wenn ein neuer Gedanke (Satz) beginnt.

Nach dem ersten Schreiben sollte die Geschichte vorgelesen werden, damit die Aufmerksamkeit des erwachsenen Lesers nicht von Fehlern abgelenkt wird. Beim Vorlesen merkt das Kind bereits selbst, ob die Geschichte stimmig ist oder ob Wörter fehlen oder ob der Zusammenhang nicht deutlich wird.

Sobald Texte »öffentlich« werden, d. h. Leser finden, sollten sie bearbeitet werden. Zum Glück gibt es Computerprogramme, die unterschiedlichste Schriften und Bearbeitungshilfen bieten. Sehr langsame Schreiber diktieren den Text ihrer Vorlage, fortgeschrittene Schreiber können ihre Geschichte selbst übertragen.

**Wie ich richtig schreiben kann:
Ich denke laut und schreibe dann!**

Wie schreibe ich das Wort?

1. Ich denke laut: **Leopard** ist ein Nomen. Bei Nomen schreibe ich den ersten Buchstaben groß.
2. Ich spreche das Wort **Leopard** deutlich. Ich höre am Ende den Laut **t**.
3. Ich verlängere das Wort: aus **Leopard** wird **Leoparden**.
4. Also schreibe ich **Leopard** am Ende mit **d**.

Die Bearbeitung erfolgt sinnvollerweise über mehrere Tage verteilt in Schritten:

1. Habe ich mich so ausgedrückt, dass meine Geschichte verstanden wird? (Inhalt)
2. Können meine Leser klar erkennen, was ich gemeint habe? (Interpunktion)
3. Sind die Wörter normgerecht geschrieben? (Rechtschreibung und Kontrolle).

Kommentiertes Schreiben

Das kommentierte Schreiben ist eine erfolgreiche Übungsmethode, bei der zunächst ein Erwachsener vorspricht, worauf das Kind beim Schreiben achten soll. So lernt ein Kind, laut zu überlegen, welche Besonderheiten das nächste Wort hat, z. B.: »Kartoffel wird mit zwei f geschrieben, da das o kurz gesprochen wird.« Naiena hätte z. B. der Tipp geholfen: Der Satzanfang und Nomen werden großgeschrieben.

Entspannt lernt es sich besser und konzentrierter

»Wenn ich eine Arbeit schreibe und etwas nicht verstehe, rege ich mich auf. Dann kann ich nicht mehr die Aufgabe schreiben. Ich versuche es trotzdem, aber ich schreibe es falsch.«

Lillis Schreibstress ist vielen Kindern bekannt. Ihre Erfahrungen decken sich mit denen vieler Eltern, die berichten, dass ihr Kind zu Hause beim Üben viel weniger Fehler als in der Schule mache. Dies leuchtet ein, wenn man weiß, dass Stress und Angst blockieren. Ein Kind fällt unter Druck auf die phonetische Schreibweise zurück, die höchst fehlerhaft ist. Felix hat eine weitere Erklärung: »Bei den schweren Wörtern konzentriere ich mich, und bei den leichten Wörtern denke ich, diese Wörter sind leicht, und deshalb lässt meine Konzentration nach. Deshalb schreibe ich die schweren Wörter richtig und die leichten falsch.« (siehe: Naegele/Valtin, LRS Band 1)

Was können Entspannungsübungen bewirken?

Entspannungstechniken können helfen, Verspannungen zu lösen, die innere Bereitschaft und die Einstellung zum Lernen zu verändern. So werden Lernerfolge ermöglicht und schwierige Situationen besser bewältigt, verkrampfte Körperpartien – vor allem im Kopf-Nacken-Schulter-Bereich – gelockert, und negative Gedanken können losgelassen werden.

Aber sie sind weder ein Allheilmittel noch eine Wunderdroge. Sie können keine Krankheiten »heilen« oder fehlende Einsichten in Lernprozesse vermitteln. Angst macht dumm, sagt das Sprichwort zu Recht. Stresssymptome wie gehäufte Fehleranzahl gegen Ende einer Arbeit, Blackout beim Vokabeltest, Flimmern vor den Augen oder Atemnot beim Vorlesen können jedoch vermieden oder reduziert werden.

Sinnvoll ist es, wenn Ihr Kind regelmäßig Entspannungsübungen durchführt, wenn es seine Hausaufgaben macht. Dann sind sie im Ernstfall während der Arbeit auch abrufbar. Inzwischen bauen viele Lehrkräfte Entspannungsübungen in den Schulalltag ein, weil sich gezeigt hat, dass sie zur Konzentrations- und Leistungssteigerung führen und die Lernfähigkeit verbessern. Kurze Ruhephasen oder Entspannungsübungen während eines Diktats eingeplant, haben bewirkt, dass sich die Fehleranzahl gerade bei den schwachen Rechtschreibern reduziert hat.

Lesetipps
> Johnen, Wilhelm: Muskelentspannung nach Jacobson, München (Gräfe und Unzer)
> Richter, W./Pieritz, R.: Klassenarbeiten? Das schaff ich schon! Trainingsprogramm zum Abbau von Stress und Nervosität mit CD. Weinheim (Beltz)
> Schleider, K.: So lernt mein Kind sich entspannen. Freiburg (Herder)
> Petermann, U.: Entspannungstechniken für Kinder und Jugendliche. Weinheim (Beltz)

Sind mangelnde Aufmerksamkeit und Konzentration das Problem Ihres Kindes?

Arbeitet ein Kind überhastet, unreflektiert und kontrolliert es seine Aufgaben nicht, so kann es seinen vielfältigen schulischen und häuslichen Anforderungen nicht nachkommen. Unkonzentriertes Arbeiten und fehlendes Verständnis der Aufgabenstellungen führen zu anhaltenden Misserfolgen und Versagen, AD(H)S oder Hyperaktivität sind einige der neuen Schlagwörter.

Dabei gibt es viele Gründe, warum sich heute Kinder immer leichter ablenken lassen und sich nicht über einen längeren Zeitraum konzentrieren können. Da gibt es die Hektik des Alltags, den großen Medienkonsum mit seiner Reizüberflutung, die fehlende Muße, Über- oder Unterforderung im Unterricht oder zu Hause, Angst vor bestimmten Personen (Lehrkräften, Eltern, Mitschülern). Manche Kinder haben ein negatives Selbstbild (»Ich kann ja sowieso nichts!«), leiden unter dem Gefühl, von den Eltern abgelehnt zu werden oder weniger wert als die vermeintlich erfolgreicheren Geschwister zu sein. Und sicherlich gibt es auch im sehr seltenen Einzelfall einmal organische Gründe, denen jedoch sehr sorgfältig nachgegangen werden sollte. Leider muss festgestellt werden, dass einfache Ursachen-Lösungs-Versprechen immer wieder große Aufmerksamkeit finden, zumal wenn die Lobby der Pharmaindustrie dahintersteht. Während vor einigen Jahren vor allem Ernährungsumstellungen als Lösung der AD(H)S-Probleme gepriesen wurden, werden heute – wie schon einmal in den 70er-Jahren – medikamentöse Behandlungen mit Ritalin und ähnlichen Psychostimulanzien und Antidepressiva propagiert, obwohl deren Langzeitwirkungen und Effektivität zunehmend kritischer diskutiert werden. Der Pharma-, Esoterik- und Homöopathiemarkt hat, wie Zangerle (2001, 194 ff.) mit eindrucksvollen Daten belegt, ein riesiges Angebot an Globuli, Medikamenten und esoterischen Verfahren entwickelt, das schnell, ohne den Symptomen nachzugehen, das Kind fit machen soll.

Bevor Eltern sich also für eine Medikamentenlösung entscheiden, sollten sie sich überlegen, **warum** ihr Kind das auffällige Verhalten brauchen könnte. Daraus können sie lernen, ungünstige Bedingungen zu verändern. Hilfreich ist dabei die Unterstützung von Fachleuten aus einer Beratungsstelle im Rahmen einer Familientherapie. Als besonders erfolgreich haben sich verhaltenstherapeutisch ausgerichtete Therapieprogramme erwiesen.

Zusammenfassung

> Akzeptieren Sie Ihr Kind so, wie es ist. Andauernde Kritik und Überforderung bringen nichts, sondern schaden seiner gesunden psychischen Entwicklung.

> Voraussetzung für jeden Lernerfolg ist, dass Ihr Kind den Zusammenhang zwischen geschriebener und gesprochener Sprache versteht.

> Lesen lernt man nur dadurch, dass man viel liest. Schreiben lernt man nur durch Schreiben!

> Regelmäßiges Üben, zum Beispiel mit der Lernkartei, ist ein Schlüssel zum Erfolg.

> Beim Erlernen von Fremdsprachen muss es keine Probleme geben.

> Statt gegen Konzentrationsprobleme vorschnell Medikamente einzusetzen, sollten Eltern versuchen, den Gründen auf die Spur zu kommen, die in der schulischen Überforderung und in der Lebensumwelt ihres Kindes liegen können.

Wenn außer-schulische Hilfe nötig wird

»Ich will nicht immer die Letzte sein,
ich will auch mal die Erste sein.«
(Nadine, 9 Jahre)

Können außerschulische Einrichtungen wirksam helfen?

Auch bei bestem Unterricht und schulischer Förderung wird es einzelne Kinder geben, denen mit schulischen Maßnahmen nicht ausreichend geholfen werden kann. Ein Kind, das im Unterricht auffällt, weil die gravierenden Schwierigkeiten in seiner schriftsprachlichen Entwicklung Auswirkungen auf seine Persönlichkeit, sein Selbstwertgefühl und alles Lernen haben, benötigt Einzelhilfe. Diese kann im Rahmen der Schule leider viel zu selten geleistet werden. Voraussetzung für eine Therapie ist in der Regel die Einsicht der Familie, dass sie mit ihrer bisherigen Vorgehensweise gescheitert ist und das Kind unter einem großen Leidensdruck steht.

Ein Kind, das gravierende Schwierigkeiten in seiner schriftsprachlichen Entwicklung hat, benötigt Einzelhilfe.

Um Irrwege zu vermeiden, sollten Sie die außerschulische Einrichtung vor einem bindendem Vertrag prüfen.

Wie finden Sie eine passende Einrichtung?

> Adressen von Beratungsstellen und therapeutischen Praxen finden Sie am besten über persönliche Empfehlungen. Erkundigen Sie sich im Bekanntenkreis. Sie glauben ja gar nicht, wie viele Familien ähnliche Probleme haben.

> Lassen Sie Ihr Kind in der Klasse/Schule bei Mitschülern und Freundinnen fragen, wer wohin »gern und mit Erfolg« zur Förderung geht.

> Informieren Sie sich bei Lehrkräften, ob sie Kinder im Unterricht haben oder hatten, bei denen außerschulische Maßnahmen erfolgreich geholfen haben.

> Erscheint Ihnen eine Anzeige in der Zeitung oder eine Werbebroschüre interessant, so vereinbaren Sie eine Beratung, in der Ihr Kind und Sie die Atmosphäre der Praxis und das Know-how der Fachleute kennenlernen können.

> Erkundigen Sie sich, welche Honorare für welche Leistungen (Einzel-/Zweier-/Gruppentherapie) auf Sie zukommen und wie die Ferienzeiten geregelt sind.

Welche Kompetenzen sind wichtig?

Sie müssen als Eltern darauf achten, dass in der außerschulischen Einrichtung die Förderung der Lese- und Schreibkompetenz im Zentrum der Arbeit steht. Es empfiehlt sich eine Einzelförderung, die in kürzerer Zeit die fehlenden Einsichten aufbauen und das Selbstbewusstsein stärken kann als eine Förderung in einer Gruppe.

Achten Sie darauf, dass in der Einrichtung die Förderung der Lese- und Schreibkompetenz im Zentrum der Arbeit steht.

Sie sollten Wert darauf legen, dass der Therapeut oder die Therapeutin Ihres Kindes ein abgeschlossenes Hochschulstudium einschließlich Methodik und Didaktik des Schriftspracherwerbs und Pädagogik besitzt und eine qualifizierte Zusatzausbildung zur Förderung von Kindern mit LRS absolviert hat. Kontinuierliche Weiterbildung und Supervision sollten selbstverständlich sein.

Welche Ziele sollte eine außerschulische Förderung verfolgen?

Ziel der Förderung muss sein, Ihrem Kind zu neuer Motivation zum Lernen zu verhelfen.

Die fehlenden Kenntnisse Ihres Kindes im Lesen, Schreiben und Rechtschreiben unter kontinuierlicher förderdiagnostischer Analyse sind schrittweise aufzubauen. Das Selbstvertrauen und Selbstwertgefühl sollen durch Spiele und Lernerfolge stabilisiert werden, seine individuellen Stärken sollen erkannt und ausgebaut werden, Lesen und Schreiben sollen zu lohnenswerten Tätigkeiten werden.

Vorausgesetzt, Ihr Kind nimmt das Förderangebot bereitwillig an, arbeitet intensiv und regelmäßig mit, wird dabei von Ihnen aktiv unterstützt, können stabile Leistungsverbesserungen erreicht werden.

Vielen betroffenen Kindern und Jugendlichen hat das Frankfurter Integrative Therapiekonzept FIT geholfen. Es ist ein integrativer psycho- und lerntherapeutischer Förderansatz, nach dem seit über 25 Jahren im Institut für Lernförderung, einer privaten und unabhängigen Einrichtung in Frankfurt, erfolgreich einzeltherapeutisch gearbeitet wird. Der Förderansatz ist das Ergebnis langjähriger fachlicher Auseinandersetzung und praktischer Erfahrung mit Lernproblemen und verbindet Erkenntnisse der entsprechenden Fachwissenschaften mit Modellen der Kognitionspsychologie sowie Elementen der Spiel-, Gesprächs- und Verhaltenstherapie. Das Förderkonzept ist getragen von gegenseitigem Vertrauen, Betonung der Stärken eines Kindes, »Liebe, Hilfe von einem Menschen, der dafür ausgebildet worden war, Lernbehinderungen abzubauen, jede Stunde mit einem Erfolgserlebnis beenden und einem sicheren Ort«, wie Mary MacCracken es nennt.

Vielen betroffenen Kindern und Jugendlichen hat das Frankfurter Integrative Therapiekonzept FIT geholfen.

Die durchschnittliche Therapiedauer liegt bei etwa eineinhalb Jahren. Die Therapie wird beendet, wenn das Selbstwertgefühl des Kindes stabil ist und es sich in seinen Leistungen so verbessert hat, dass es befriedigende oder stabile ausreichende Benotungen erhält. Ein Großteil der Kinder und Jugendlichen erreicht trotz ihrer zunächst gravierenden LRS eine altersgemäße Lesekompetenz – zumindest mit ausreichend oder besser zu bewertende Rechtschreibleistungen, wie unsere Langzeitbeobachtungen zeigen.

Die Erfolge integrativer psycho- und lerntherapeutischer Förderansätze, bei denen der Aufbau schriftsprachlicher und oder mathematischer Kompetenzen (K. R. Zimmermann 2010) im Zentrum stehen, machen Mut.

Um es zu wiederholen: Grundsätzlich helfen nur Maßnahmen zum Abbau von LRS, die den Lerngegenstand Schriftsprache im Zentrum ihres Angebots haben.

Die langjährige Arbeit mit Betroffenen hat gezeigt, dass eine erfolgreiche Förderung die folgenden **sechs Bausteine** beinhalten muss:

> **Baustein 1:** Ausgangspunkt ist das Erstellen eines individuellen Förderplans auf der Grundlage der Beratungsergebnisse, der Analyse der bisherigen Lerngeschichte und der schulischen Unterlagen.
> **Baustein 2:** Die gezielte Förderung des Lesens, Schreibens und Rechtschreibens, Aufbau schriftsprachlicher Kompetenz, orientiert an den spezifischen Interessen und Stärken des Kindes.
> **Baustein 3:** Gesprächs- und spieltherapeutische Unterstützung hinsichtlich der Nöte und Probleme des Kindes.
> **Baustein 4:** Eine für das Kind nachvollziehbare Therapiestruktur mit festen Ritualen einschließlich Vermittlung von Lernstrategien, Arbeitsmethoden und Entspannungstechniken.
> **Baustein 5:** Begleitende Gespräche mit den Eltern und Lehrkräften, Automatisierung des »Begriffenen« durch regelmäßiges kurzes häusliches Üben.
> **Baustein 6:** Einbezug geeigneter Medien und Materialien.

Die sechs Bausteine des FIT-Konzepts

Zum besseren Verständnis werden diese sechs Bausteine näher beleuchtet:

Baustein 1

Für die Eingangsdiagnose von LRS haben sich intensive **Beratungsgespräche** als aussagekräftiger erwiesen als die Ergebnisse standardisierter Tests. Vor jedem Beratungsgespräch erhalten die Eltern einen Fragebogen, der zur Vorbereitung und Information dient. Er betrifft die Gründe für die Beratung, die frühkindliche, vorschulische und bisherige schulische Entwicklung des Kindes, eine eventuelle schulische und/oder außerschulische Förderung sowie eine Einschätzung seiner emotionalen Befindlichkeit. Im gemeinsamen Gespräch mit Erziehungsberechtigten und Kind wird zunächst von seinen Stärken ausgegangen, was es gerne macht, was oft aus seinem mitgebrachten persönlichen Brief hervorgeht. In diesem handgeschriebenen Brief soll das Kind seine Befindlichkeit thematisieren. Einbezogen in das 1½ bis 2 Stunden dauernde Anamnesegespräch werden die mitgebrachten Zeugnisse, Haus- und Arbeitsheft sowie häusliche Schreibproben. Im Mittelpunkt steht die Analyse des Entwicklungsstands in den betroffenen Lernbereichen. Daraus werden dann Hilfestellungen vorgestellt und ausprobiert. Sie betreffen die Schreibhaltung, Lesetechnik, Förderung des Schreibens, der Rechtschreibung und des schriftlichen Ausdrucks ebenso wie Arbeitsverhalten und Entspannung. Hinweise auf geeignete Lesetexte, Übungsmöglichkeiten zu Hause und geeignete Spiele ergänzen die Beratung.

Den Eltern werden Anregungen zum Umgang mit dem Kind gegeben mit dem Ziel, sein Selbstwertgefühl zu stärken, das durch die Lernprobleme oft angegriffen ist. Fast immer sind Informationen über die rechtlichen Rahmenbedingungen und ihre schulischen Konsequenzen nötig. Selbstverständlich müssen im Einzelfall bei Verdacht das Hör- und Sehvermögen oder die Sprachentwicklung fachärztlich abgeklärt werden.

Beispiel einer Beratung bei LRS: Simon
Vorgeschichte
Simons Eltern vereinbaren eine Beratung, weil sie ebenso verzweifelt sind wie ihr achtjähriger Sohn, der im Unterricht durch auffälliges Verhalten von seinem Versagen beim Lesen- und Schreibenlernen abzulenken versucht.

Beratungsgespräch
Das Beratungsgespräch findet mit beiden Eltern und Simon statt, als er am Ende der ersten Klasse war. Ihnen ist unverständlich, wie aus ihrem neugierigen, aktiven und interessierten Sohn innerhalb eines Jahres ein völlig misserfolgsorientierter, nervöser Schüler werden konnte. Sie beobachten mit Sorge, wie ihr Sohn mit Wut und Unruhe auf sein Unvermögen reagiert, die Schriftsprache zu erlernen. Seine »Schreibprobe« für mich besteht aus einem Blatt, auf dem links oben BÄMEN und FUSBL steht, darunter ist ein dicker Baum mit einer grünen Krone gemalt, rechts steht LESN. Mit drei Wörtern lässt er wissen, dass er gern Fußball spielt, auf Bäume klettert und Lesen ablehnt. BÄMEN steht für Badminton, sein zweites Hobby. Er kennt die meisten Buchstaben in Druckschrift (Großantiqua), kann jedoch nur wenige ihrem Lautwert zuordnen und klammert sich an die Anlautwörter seiner Fibel, indem er leise vor sich hinspricht: »T wie Tasse, D wie Dose«. »ICH«, »MAMA«, EIN« und »OMA« sind nach einem Jahr Unterricht die einzigen verfügbaren Ganzwörter, seine Leserichtung geht mal von rechts, mal von links.

Die Besonderheit der alphabetischen Schrift, die Wiedergabe der lautlichen Bestandteile durch Buchstaben, hat er noch nicht begriffen. Simon orientiert sich vor allem am Anlaut und versucht beim Lesen, zu kombinieren. Beim Schreiben beachtet er vor allem die Konsonanten, Vokale fehlen. Skelettschreibung (Stufe 1) ist seine Entwicklungsstufe. Lehrerwechsel, eine ungeeignete Fibel, die bereits die phonologische Bewusstheit voraussetzt, und fehlende Differenzierung des Lernangebots haben zu großen Frustrationen bei dem ehrgeizigen Jungen geführt. Sie zeigen sich auch in seiner verkrampften, falschen Schreibhaltung.

Von Impulsivität ist während der zweistündigen Beratung nichts zu spüren. Simon arbeitet interessiert und konzentriert mit, da er die seinem Entwicklungsstand angepassten Aufgaben erfolgreich lösen kann: Er liest einfache, aus Moosgummibuchstaben gelegte Wörter vor. Durch Austausch einzelner Buchstaben soll er neue Wörter bilden: OMA-OPA. Bereits MAMA-LAMA fällt ihm schwer. Bei einfachen Syntheseübungen aus Konsonant und Vokal hilft ihm ein farbiger, durchsichtiger Lesepfeil zur Einhaltung der Leserichtung.

Ergebnis der Beratung

Simon benötigt dringend eine Einzeltherapie, in der sowohl sein sehr großer Rückstand in den Grundlagen des Lesens und Schreibens als auch sein belastetes Selbstwertgefühl im Zentrum stehen. Passiert nichts, besteht die Gefahr einer völligen Lernblockade. Die Eltern sind erleichtert, als sie sehen, wie eifrig ihr Sohn die kleinen Übungen annimmt und dass die Aussicht besteht, dass er unter ihrer Mithilfe wieder das zufriedene Kind werden könne. Für die Zeit bis zur Bewilligung der Kostenübernahme durch das Jugendamt erhalten die Eltern Hinweise für kleine Leseübungen und motivierende Spiele. Diskutiert, aber verworfen wird die Möglichkeit einer freiwilligen Wiederholung der ersten Klasse.

Baustein 2

Mithilfe kontinuierlicher Analyse der schriftsprachlichen Entwicklung des Kindes werden in der Therapie die fehlenden Kenntnisse schrittweise aufgebaut sowie Problemlösungsstrategien und hilfreiche Lernstrategien vermittelt. Das Kind soll in den Therapiestunden neue, erfolgreichere Wege ausprobieren können. Zunächst muss Vertrauen zur Therapeutin aufgebaut werden und das angegriffene Selbstwertgefühl und fehlende Selbstvertrauen gestärkt werden. Daher orientiert sich die Arbeit zunächst an den Stärken und Interessen des Kindes und seinen Hobbys. Das Kind wird in Lese- und Schreibsituationen versetzt, in denen es sofortige Erfolgsrückmeldung und Kommentierung erhält. Das gelingt durch die Anpassung der Aufgabenstellung an seine Fähigkeiten. Nicht die Fehler, sondern die richtigen Lösungswege werden hervorgehoben und verstärkt. Besonders produktiv haben sich das Schreiben und Bearbeiten von Geschichten des Kindes bewährt, die dann am Computer individuell bearbeitet und als Lesetexte veröffentlicht werden.

Das Kind wird in Situationen versetzt, in denen es sofortige Erfolgsrückmeldung erhält.

Baustein 3

Als Gründe für eine Beratung nennen Eltern neben den Problemen mit dem Lesen und Rechtschreiben auch Veränderungen im Sozialverhalten ihres Kindes wie z. B. aggressives oder ängstliches Verhalten, Hilflosigkeit beim Erledigen von Hausaufgaben, Unruhe, mangelndes Selbstbewusstsein u. a. Für mehr als die Hälfte der Eltern stellt mangelnde Konzentrationsfähigkeit ihres Kindes den Hauptgrund für eine Beratung dar. Dabei haben die meisten der Kinder kein generelles Konzentrationsproblem, sondern berechtigte Gründe für ihr »abweichendes« Verhalten. Hier einige der meistgenannten Gründe, über die Kinder klagen, zum Beispiel:

> Angst vor schlechten Arbeiten und ihren Folgen für das Verhältnis zu den Eltern, unsinnige Verbote und Sanktionen,

Die meisten Kinder haben kein generelles Konzentrationsproblem, sondern berechtigte Gründe für ihr »abweichendes« Verhalten.

> große zeitliche Belastungen durch zusätzliches Üben nach den Hausaufgaben,
> Lernen ohne Erfolgsaussicht,
> Unterricht, dessen Inhalte sie nicht verstehen,
> Lehrkräfte, von denen sie sich abgelehnt fühlen,
> Ausgrenzungen innerhalb der Klasse,
> eingespieltes Druck- und Erwartungssystem von Schule und Eltern, in dem sie sich als Opfer ohne Chance fühlen, usw.

Manchmal sind es auch ungelöste innere Konflikte, die nichts mit dem Lernen in der Schule zu tun haben. Dazu gehören z. B. Probleme innerhalb der Familie, Belastungen durch Trennungen oder Streit, Geschwisterrivalität. Diese individuell unterschiedlichen Gründe herauszufinden und gemeinsam Lösungswege zu finden ist eine wichtige Aufgabe einer Therapie.

Der geschützte Raum der Therapie gibt dem Kind die Chance, sich von Belastungen zu lösen. Er gibt Raum für das Abreagieren negativer aufgestauter Gefühle – möglichst häufig unter Einbeziehen der Schrift.

Baustein 4

In einer Therapie soll das Kind lernen, seine bisherigen negativen Erfahrungen mit dem Lernen durch positive zu ersetzen. Hilfreich hierfür ist eine ausgewogene Balance zwischen Lernen, Gespräch, Spiel und Entspannung. Jede Therapiestunde sollte eine bestimmte gleichbleibende Struktur haben, die entsprechend dem aktuellen Bedürfnis des Kindes angepasst wird.

Eine ausgewogene Balance zwischen Lernen, Gespräch, Spiel und Entspannung ist hilfreich.

Zu den Elementen dieser Struktur gehören:

> Das Gespräch über die wichtigsten Ereignisse seit der letzten Therapiestunde, das Abreagieren von Stress am Boxsack oder

mit dem Springseil, Entspannungs- und Lockerungsübungen, verteilt über eine Therapiestunde.

> Die gezielte Förderung der Lese- und Schreibkompetenz, die Entwicklung kognitiver Klarheit über die Eigenheiten unseres Schriftsystems und die Förderung der orthografischen Bewusstheit.

> Kontrolle des häuslichen gezielten Übens von persönlichen Fehlerwörtern in Listen, mit Karteiarbeit und durch Blitzleseübungen, damit das Gelernte gefestigt wird.

> Zur Förderung der Lernmotivation eignet sich das Belohnen der richtigen Lösungen und Lösungswege durch Punkte. Bei Erreichen einer bestimmten Punktezahl darf sich das Kind ein kleines Geschenk aussuchen.

> Kurze Leseprobe und Klären von Verständnisfragen der häuslichen Lektüre, die sich das Kind ausgesucht und gelesen hat. Eintrag in einen persönlichen Lesepass.

> Das gemeinsame Spiel, bei freier Auswahl von Brett-, Computer- und freien Spielen, in denen immer auch Lesen und/oder Schreiben nebenbei gefördert werden. Der Spielverlauf ist so zu gestalten, dass es dem Kind ermöglicht wird, zu gewinnen, damit es Erfolge erzielen und positive Erfahrungen sammeln kann. Dabei kann das Kind auch seine Fähigkeiten erproben und entfalten.

Baustein 5

Eine erfolgreiche Arbeit bedarf, sofern möglich, immer elterlicher Unterstützung. Wichtig sind gegenseitiges Vertrauen, die Betonung der Stärken des Kindes, das Loslassen von Druck und Sanktionen und feste Absprachen über ein regelmäßiges kurzes häusliches Training. Diese Übungen sollen Sicherheit im Lesen und Rechtschreiben aufbauen. Kontakte zu den Lehrerinnen und Lehrern und gemeinsame Absprachen unterstützen die Therapie.

Eine erfolgreiche Arbeit bedarf elterlicher Unterstützung.

In den regelmäßig stattfindenden Gesprächen werden die Eltern über den Umgang mit den Lernschwierigkeiten ihres Kindes (Belohnung, Ermutigung, Unterstützung in der Schule, Beschäftigung zu Hause u. a.) aufgeklärt und beraten, die aktuelle Lernsituation des Kindes in der Schule und Therapie besprochen und es wird sich über die Veränderungen im schulischen und familiären Bereich ausgetauscht.

Baustein 6

Wie bereits in den entsprechenden Kapiteln dargelegt, findet fast jedes Kind einen eigenen Weg in die Welt der Schrift, und entsprechend unterschiedlich sind die Materialien. Durchgängiges Übungsmaterial ist für fast alle Kinder eine individuelle Lernkartei, mit deren Hilfe die eigenen Fehlerwörter in Sätzen zu Hause geübt und in der Therapie überprüft und erläutert werden. Das in der Praxis entwickelte Übungsmaterial »Das schaffe

Übungsmaterial für fast alle Kinder ist eine individuelle Lernkartei, mit deren Hilfe die eigenen Fehlerwörter geübt und überprüft werden.

ich« (Schroedel) mit Hinführung zur alphabetischen und orthografischen Strategie (1.–4. Klasse) sowie »Lerne und wiederho-
le – Lesen, Schreiben und Rechtschreiben« für Kinder der 4.–7.
Klasse.

Bilder-, Kinder- und Jugendbücher unterschiedlicher Lesestufen
und zu unterschiedlichsten Themen, Denkaufgaben (Logicals)
sowie viele Spiele unterstützen die Arbeit. Ab und zu wird auch
einmal ein Computerspiel eingesetzt, mehr jedoch unterstützt
der Computer das Schreiben und Bearbeiten eigener Geschichten und die Recherche im Internet. Ausgesprochen beliebt ist bei
den Kindern das Leseportal Antolin, auf dem sie Fragen zum Inhalt vieler Bücher beantworten können und ihr Textverständnis
mit Lesepunkten belohnt wird (www.antolin.de).

Kurzdarstellung einer Einzeltherapie

Um die Förderung nach dem FIT-Konzept zu veranschaulichen,
folgt hier eine kurze Darstellung der Einzeltherapie von Simon.

Therapieverlauf und Ergebnis

Wie verlor Simon seine Lernblockade? Wie konnten Lernprozesse in seinem Therapieverlauf initiiert und durch kleine, präzise
und seinem Entwicklungsstand angepasste Lese- und Schreibauf-
gaben stabilisiert werden? Die japanische Silbenschrift interes-
sierte ihn, der Übungserfolg motivierte ihn zum Blitzlesen. »Bücher« las der ehrgeizige Junge zunächst nur, weil er unbedingt
den Lesepass schaffen wollte. Dass seine Bücher zunächst aus
20–30 Wörtern bestanden, störte ihn nicht, aber sie steigerten
seine Lesekompetenz und regten ihn an, eigene Geschichten zu
schreiben, die natürlich neben Tieren um sein Hobby Fußball
kreisten. Des Weiteren gehörte zu seinem Übungsprogramm:

wiederholtes Lesen und Schreiben wichtiger Wörter, die sowohl die häufig gebrauchten Wörter unserer Sprache als auch die seiner freien Texte umfassen, das Üben in Wortlisten, das Schreiben von Geschichten und das Lesen. Er übte regelmäßig 10–15 Minuten täglich zu Hause in Absprache mit der Lehrerin. Lange Zeit benötigte er äußere Anreize in Form eines variablen Tokenprogramms: Für jede erfolgreich gelöste Aufgabe bekam er eine bestimmte Anzahl von Punkten, die er für Spielautos sammelte.

Zu den regelmäßigen Lese- und Schreibübungen gehörten in den Therapiestunden Spiele, Fantasiereisen, Entspannungsübungen (mit der Klangschale und jacobsonsche Muskelentspannung) und Gespräche, sowohl mit als auch ohne seine Eltern. Simon hat sich im Verlauf der Therapie stark verändert. Die Wutanfälle sind verschwunden, er weicht dem Lesen und Schreiben nicht mehr aus und möchte inzwischen möglichst fehlerfrei schreiben. Zwar drückt er mit dem Stift noch zu fest auf und die Stifthaltung ist noch nicht optimal. Mithilfe einer eigenen Fehlerkartei und wiederholtem handschriftlichem Üben der häufigsten Wörter im Deutschen, die ja oft nicht der Lautung entsprechen, hat er einen Grundbestand an Wörtern erarbeitet. Er hat gelernt, dass er oft Wörter verlängern muss, um zu wissen, ob sie mit b oder p am Ende geschrieben werden. Er weiß, dass Satzanfänge und Nomen im Deutschen großgeschrieben werden. Aber natürlich verstößt er – wie viele »normale« Rechtschreiber – noch oft gegen die Groß- und Kleinschreibung in seinen Geschichten und Texten. Sie sind aber alle lesbar und verständlich.

Mit dem Wechsel zur fünften Klasse wird die Therapie nach drei Jahren erfolgreich beendet.

Vier Jahre später berichtet Simon (Erinnerungen S. 18 f.) über seine weitere Entwicklung.

Zusammenfassung

> Gravierende Schwierigkeiten beim Lesen und Schreiben, die trotz häuslichen Übens nicht beseitigt werden, verlangen nach professioneller Hilfe.

> Außerschulische Förderung muss von Fachleuten vorgenommen werden, die über ein vertieftes Wissen zum Schriftspracherwerb verfügen, wie es in diesem Buch vorgestellt wird.

> Die sechs Bausteine zum Lernerfolg helfen bei der Förderung eines Kindes.

Weiterführende Leseempfehlungen

Literaturverzeichnis

> **ANDRESEN, U.:** Die Hand, die Schrift, das Schreiben. In: Grundschule aktuell, Heft 96, 2006

> **BÜNTING, K. D.:** Timo und der Tanz der Buchstaben. Eine Geschichte über die Schrift. München (dtv) 2010

> **DEHAENE, S.:** Reading in the brain. New York (Viking) 2009. Deutsch: Lesen. München (Knaus) 2010

> **GRÜNEWALD, H./KLEINERT, I.:** Arbeitstechniken und Unterrichtshilfen zum Schreibenlernen. In: Grundschule, Heft 9, 1998

> **KÄSTNER, E.:** Als ich ein kleiner Junge war. Stuttgart (dtv) 2003

> **KLESSMANN, E.:** Christiane. Goethes Geliebte und Gefährtin. Frankfurt (Fischer) 1993 (vergriffen)

> **MACCRACKEN, M.:** Charlie, Eric und das ABC des Herzens. Frankfurt (Fischer) 1990 (vergriffen)

> **NAEGELE, I.:** Schulschwierigkeiten in Lesen, Rechtschreibung und Rechnen. Ein Elternhandbuch. Weinheim (Beltz) 2002

> **NAEGELE, I.:** Kinder brauchen effektive Lern- und Arbeitstechniken. In: Deutsch differenziert, Heft 3, 2006

> **NAEGELE, I.:** Lerne und Wiederhole. LRS überwinden 4.–7. Klasse. (www.abc-netzwerk.de)

> **NAEGELE, I./VALTIN, R. (Hrsg.):** Das schaffe ich. Lese- und Rechtschreib-Schwierigkeiten überwinden. Heft A und B, Handreichung. Hannover (Schroedel) 2006 und 2007

> **NAEGELE, I./VALTIN, R. (Hrsg.):** LRS in den Klassen 1–10. Band 1 und Band 2, Weinheim (Beltz) 2003 und 2001

> **NAEGELE, I./VALTIN, R.:** Förderdiagnostisches Vorgehen. In: Deutsch differenziert, Heft 3, 2006

> **RANSCHBURG, P.:** Die Lese- und Schreibstörungen des Kindesalters. Halle 1928 (vergriffen)

> **SCHEERER-NEUMANN, G.:** Rechtschreibschwäche im Kontext der Entwicklung. In: Naegele/Valtin LRS-Band 1, 2003

> **VALTIN, R.:** Lernwege beobachten. In: Deutsch differenziert, Heft 3, 2008

> **VALTIN, R.:** Schwierigkeiten beim Schriftspracherwerb. In: Naegele/Valtin: LRS-Band 2, 2001

> **VALTIN, R./NAEGELE, I.:** Lernwege beobachten. In: Deutsch differenziert, Heft 3, 2006

> **WEINERT, F. E.:** Lernübertragung. In: Weinert u.a.: Funk-Kolleg Pädagogische Psychologie 1 und 2, Frankfurt/M. (Fischer) 1974 (vergriffen)

> **WELTGESUNDHEITSORGANISATION:** Internationale Klassifikation psychischer Störungen ICD-10 Kapitel V (F). 6. vollständig korr. Aufl., Bern (Huber) 2008

> **ZANGERLE, H.:** Angebote des Psycho-Marktes. In: Naegele/Valtin: LRS-Band 2

Empfehlenswerte Bücher, zum Teil in Romanform (R)

> **BALTSCHEIT, M.:** Die Geschichte vom Löwen, der nicht schreiben konnte. Weinheim (Beltz) 2008

> **BETTELHEIM, B.:** Ein Leben für Kinder. Erziehung in unserer Zeit. Neuaufl. Weinheim (Beltz) 2003

> **DEHN, M.:** Kinder & Lesen und Schreiben – Was Erwachsene wissen sollten. Seelze (Kallmayer) 2007

> **ENDRES, W.:** Nie wieder pauken. 99 starke Lerntipps. Weinheim (Beltz) 2001

> **GALVADA, A.:** 35 Kilo Hoffnung. Berlin (Bloomsbury) (R) 2007

> **NAEGELE, I./ HAARMANN, D. (Hrsg.):** Schulanfang heute. Weinheim (Beltz) 19992

> **NADOLNY, S.:** Die Entdeckung der Langsamkeit. München (Piper) (R) 1987

> **PENNAC, D.:** Wie ein Roman. Köln (Kiepenheuer & Witsch) (R) 2003

> **PENNAC, D.:** Schulkummer. Köln (Kiepenheuer & Witsch) (R) 2010

> **SATTLER, J. B.:** Schreibunterlagenblock für Linkshänder. Donauwörth (Auer) 1996

> **ZIMMERMANN, K. R.:** Jedes Kind kann rechnen lernen. Weinheim (Beltz) 2010

Hilfreiche Anschriften und Links

> **abc-netzwerk gegen Lehrversagen**
Wildunger Str. 3, 60487 Frankfurt
www.abc-netzwerk.de
Webseite und Blog der Autorin dieses Ratgebers

> **BDP**, Berufsverband Deutscher Psychologinnen und Psychologen e. V., Bundesgeschäftsstelle, Am Köllnischen Park 2, 10179 Berlin
Tel. 0 30/2 09 16 66 00
www.bdp-verband.org

> **BDDP**, Berufsverband Deutscher Diplom-Pädagogen und Diplom-Pädagoginnen e. V.

Bundesgeschäftsstelle
Postfach 347067, 28339 Bremen 1,
Tel. 04 21/34 92 24
www.diplom-paedagogen.de

> **Bundeskonferenz für Erziehungsberatung e. V.**
Herrnstr. 53, 90763 Fürth,
Tel. 09 11/97 71 40
www.bke.de

> **Deutsche Gesellschaft für Lesen und Schreiben e. V**
www.dgls.de

> **Grundschulverband e.V. Bundesgeschäftsstelle**
Niddastr. 52, 60329 Frankfurt
www.grundschulverband.de

> **Interessenvertretung für Linkshänder – ONRSI**
Sendlinger Str. 17, 80331 München
Tel. 0 89/26 86 14

> **Deutscher Kinderschutzbund**
Nummer gegen Kummer.
www.nummergegenkummer.de

> **Sorgentelefon des Deutschen Kinderschutzbundes:**
Elterntelefon:
08 00/1 11 05 50
Kinder- und Jugendtelefon:
08 00/1 11 03 33

Zehn-Wörter-Test

Schreib mal ...

Meine Lieblingswörter:

Auswertungshinweise zum Verschriftungsniveau:
vorphonetisch (rudimentär, Skelettschreibung);
phonetisch (an eigener Aussprache, an Standardlautung orientiert);
orthografisch (orthografische Regelungen falsch generalisiert bzw. beachtet)

Zwanzig-Wörter-Test

Schreib mal ...

 die _____

 die _____

 die _____

 das _____

 der _____

 das _____

 der _____

 der _____

 der _____

 die _____

 die _____

 die _____

 die _____

 die _____

 das _____

 die _____

 der _____

 die _____

 die _____

 die _____

Auswertungshinweise: Verschriftungsniveau:
Von 18 Wörtern _____ phonetisch verschriftet
orthografische Regelungen beachtet:
von 5 Endungen -el, -er, -en _____ richtig
von 4 Stamvokalen (ä, Äu) _____ richtig

von 8 Doppelkonsonanten _____ richtig
von 8 Auslautverhärtungen (-d, -g) _____ richtig

Impressum

Herausgeber

Bernhard Schön, Idstein

Umschlagkonzept und -gestaltung; Innenlayout

www.anjagrimmgestaltung.de,
Stephan Engelke (Beratung)

Satz und Herstellung

Nancy Püschel

Druck und Bindung

Beltz Druckpartner GmbH & Co. KG, Hemsbach

1. Auflage 2011
ISBN 978-3-407-22513-9

Dank des Verlags

Wir möchten uns ganz herzlich bei den Bildungshaus Schulbuchverlagen Westermann Schroedel für die freundliche Abdruckgenehmigung ihrer Arbeitsblätter bedanken.

Bildnachweis

Umschlagabbildung; S. 1: ©plainpicture/Fancy Images
S. 3: ©Getty Images/Sean Locke und Tom Merton
S. 7: ©Getty Images/Penny Tweedie
S. 9: ©iStockphoto/serge 75
S. 12: ©Getty Images/Claudia Dewald
S. 16: ©Shutterstock Images/ZouZou
S. 24: ©iStockphoto/skynesher
S. 30: ©Shutterstock Images/jordache
S. 33, 48: ©Getty Images/SW Productions
S. 37: ©Thinkstock/Jupiterimages
S. 53: ©iStockphoto/Neustockimages
S. 57: ©Getty Images/Stockbyte
S. 62, 72, 75, 80, 98, 136: © Ingrid Naegele
S. 67: ©Shutterstock Images/Elena Schweitzer
S. 95: ©Getty Images/Jamie Grill
S. 119: ©iStockphoto/davido10167
S. 124: ©Getty Images/Fuse

Quellennachweis

S. 29 aus: SCHEERER-NEUMANN, G.: Rechtschreibschwäche im Kontext der Entwicklung. In: Naegele/Valtin LRS-Band 1, 2003
und
VALTIN, R.: Schwierigkeiten beim Schriftspracherwerb. In: Naegele/Valtin: LRS-Band 2, 2001
S. 53, 67, 73, 107, 116, 119 aus:

NAEGELE, I. / VALTIN, R. (Hrsg.): Das schaffe ich. Lese- und Rechtschreib-Schwierigkeiten überwinden. Heft A und B, Handreichung. 2006 und 2007 ©Bildungshaus Schulbuchverlage Westermann Schroedel, Diesterweg Schöningh Winklers GmbH, www.schroedel.de
S. 82 aus: NAEGELE, I.: Schreiben ist ein Handwerk. Hilfen für eine bessere Handschrift. In: Deutsch differenziert, Heft 3/2010, S. 10-13
S. 101 aus: VALTIN, R.: Lese-Rechtschreibschwierigkeiten im weiterführenden Unterricht – Lernwege beobachten. In: Deutsch differenziert, Heft 3/2008, S. 9
S. 142 aus: VALTIN, R.: Lese-Rechtschreibschwierigkeiten im Anfangsunterricht – Lernwege beobachten. In: Deutsch differenziert, Heft 3/2006, S. 9
S. 143 aus: VALTIN, R.: Lese-Rechtschreibschwierigkeiten im weiterführenden Unterricht – Lernwege beobachten. In: Deutsch differenziert, Heft 3/2008, S. 9

In Zusammenarbeit mit:

®ELTERN ist eine Marke der Gruner+Jahr AG & Co. KG. Alle Rechte vorbehalten.

®ELTERN family ist eine Marke der Gruner+Jahr AG & Co. KG. Alle Rechte vorbehalten.

Deutsche Liga für das Kind in Familie und Gesellschaft

Initiative gegen frühkindliche Deprivation e.V.